westermann

Sprachbuch 4
Bayern

Erarbeitet von:
Astrid Eichmeyer, Andrea Warnecke
und Sabine Willmeroth

Bearbeitet für Bayern von:
Astrid Eichmeyer, Franziska Nittschalk,
Andrea Warnecke

Wissenschaftliche Beratung:
Dr. Almut Drummer

Illustriert von:
Svenja Doering und Susanne Schulte

Inhaltsverzeichnis

* An dieser Stelle werden die genannten Methoden eingeführt.
** Sternenforscherseite/Das kann ich jetzt-Seite in diesen Kapiteln

Ich bin Kari und gebe schlaue Tipps.

Ich heiße Bu und helfe Kari.

Was diese Zeichen bedeuten:

 Partnerarbeit

 Gruppenarbeit

 Ich-Du-Wir-Lernform

 Murmelrunde

 Nachschlagen in der Wörterliste

 Lerntagebuch

AH Arbeitsheft

 Medienbildung

 Wichtige Regeln

 Das sind Übungswörter.

S. 124 Nachschlagen in den Methodenseiten

 Anforderungsbereich I

 Anforderungsbereich II

 Anforderungsbereich III

In den Fußzeilen sind die Kompetenzen / Lernschritte der jeweiligen Seite aufgelistet. Die Schülerinnen und Schüler ...

Gespräche führen

1 Erzähle.

> Ich vergesse oft, was ich sagen wollte.

> Ich möchte etwas zu einem Beitrag sagen, komme aber immer zu spät dran.

> Wie kann ich zeigen, dass ich zu einem Beitrag etwas sagen möchte, obwohl ich nicht an der Reihe bin?

Unser heutiges Thema im Klassenrat:
Neue Gesprächsregeln?

Gesprächsregeln

Ich schaue die Zuhörer an.   Ich lasse andere ausreden.

Ich spreche laut und deutlich.   Ich beantworte Fragen.

S. 124 | **2** Diskutiert diese Lösungsvorschläge der 4b für das Problem aus **1**. Einigt euch. △

> Wir halten Karten mit Fragezeichen hoch.

> Wir können uns mit zwei Fingern melden.

> Wir rufen einfach rein!

> Wir stellen die Fragen erst zum Schluss.

S. 125 | **3** Überprüft, verändert und erweitert eure Gesprächsregeln.

S. 124 | **4** Erzählt euch in einer Gruppe von euren Ferienerlebnissen. Beachtet die Gesprächsregeln.

5 Wie ist dir das Erzählen und Zuhören in der Gruppe gelungen? Was nimmst du dir vor?

6 Welche Vorteile hat das Erzählen in der Gruppe? △

Gespräche führen: halten sich an gemeinsam erstellte Gesprächsregeln und zeigen rücksichtsvolles Gesprächsverhalten: Sie lassen andere ausreden, geben das Wort an andere weiter, gehen sinnvoll auf Beiträge ein und führen sie weiter | achten auf eine wertschätzende Gesprächsatmosphäre

> Gesprächsregeln, S. 125
> Gruppenarbeit, S. 124
> Ich-du-wir, S. 124

Eine Klassenratssitzung durchführen

1 Erzähle.

2 Die Klasse 4b hat Regeln für den Klassenrat gesammelt.
Diskutiert ihre Vorschläge. △

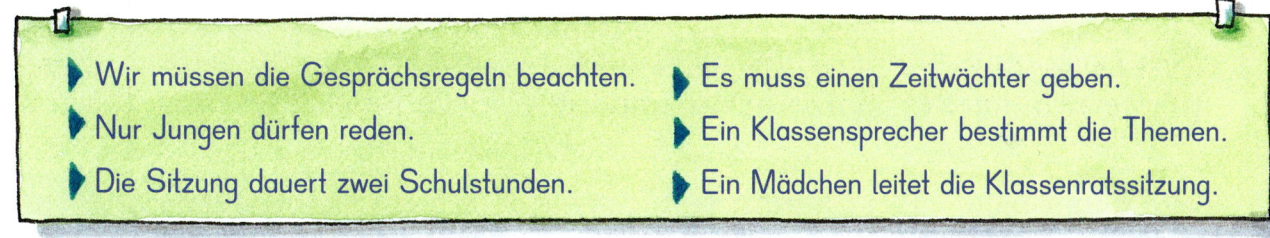

3 Wie ist eure Diskussion gelungen?

4 Worauf musst du achten, wenn du in einer Gruppe diskutierst?
Was nimmst du dir vor?

5 Welche Aufgaben haben die Kinder? Schreibt auf.

S. 124

Moderator 🔦   Schreiber ✏️   Zeitwächter ⏳   Regelwächter 🟥

6 Führt eine Klassenratssitzung zu euren Themen durch.

7 Gebt euch Rückmeldung zu eurem Gesprächsverhalten.

Sprechen und Zuhören | Gespräche führen: beteiligen sich verständlich und zuhörerbezogen an Gesprächen

Sprache untersuchen | Sprachliche Verständigung untersuchen: beschreiben und bewerten Ursachen und Wirkungen von gelingender Verständigung

> Partnerarbeit, S. 124   5

Argumentieren

1 Die 4b diskutiert die Aufgaben einer Klassensprecherin oder eines Klassensprechers. Lies das Gespräch.

> Eine Klassensprecherin oder ein Klassensprecher muss in der Pause auf unsere Klasse aufpassen.

> Aber dafür gibt es doch die Pausenaufsicht!

> Wir brauchen sie oder ihn, damit die Arbeitsblätter ausgeteilt werden.

> Nein, das macht doch der Austeildienst!

> Ich bin der Meinung, dass diejenige oder derjenige für unsere Klasse da ist.

2 Welche Aufgaben hat eurer Meinung nach eine Klassensprecherin oder ein Klassensprecher?

3 Welche Eigenschaften sollte eine gute Klassensprecherin oder ein guter Klassensprecher haben? Begründe. △

Er muss nicht gut in Mathe sein, weil …

Ich finde, sie sollte höflich sein, denn …

Sie muss stark sein, denn …

Er sollte ehrlich seine Meinung sagen, weil …

Sie muss nicht bei allen beliebt sein, weil …

Er sollte gerecht sein, denn …

Formulierungshilfen

Ich meine, dass …
Meiner Meinung nach …
Ich finde, dass …

S. 133
S. 135

4 Du möchtest Klassensprecher / Klassensprecherin werden. Wie überzeugst du deine Mitschüler / Mitschülerinnen? Notiere dir passende Argumente. Stelle dich vor.

6   Sprechen und Zuhören   Zu anderen sprechen: bauen ihre Beiträge wirkungsvoll,   > Vortrag, S. 133
    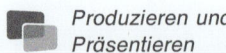 Produzieren und   nachvollziehbar und logisch auf   > Medienbildung, S. 135
    Präsentieren

Lesbar und zweckmäßig schreiben

1 Lies. Was fällt dir auf? △

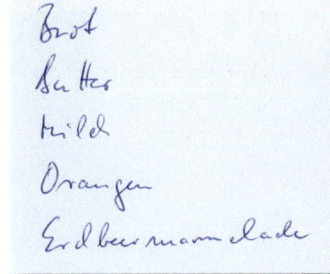

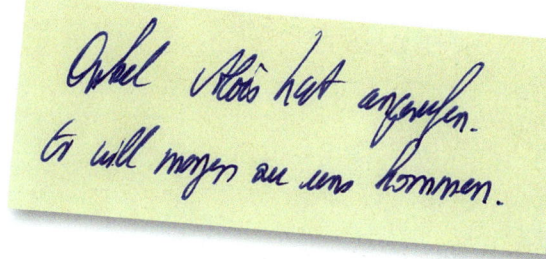

Fach	Mittwoch, 12.02.	☑
Ma	B.S.62 Nr. 1,2,3,4,9,10	☐
Deu	Lesebuch S. 59	☐
Deu	Sprachbuch S. 61 Nr. 3	☐

lesbar
formklar
eng
Abstand
Neigung

2 Warum ist es wichtig, gut leserlich mit der Hand zu schreiben?

3 Schreibst du gern? Begründe.

4 Mit welchem Stift schreibst du am liebsten? Begründe.

5 Wie würdest du deine Handschrift beurteilen?

Größe   Neigung   Lesbarkeit

6 Wie kannst du eine schöne Schrift üben?
Worauf musst du außerdem achten? △

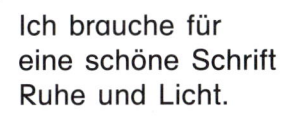

Ich brauche für eine schöne Schrift Ruhe und Licht.

7 Schreibe den Text zügig in deiner schönsten Schrift ab.

> In der 4. Klasse schreiben wir immer längere Texte auf. Damit ich mit den Hefteinträgen lernen kann, muss ich lesbar und gleichmäßig schreiben.

8 Wie ist dir deine Schrift gelungen? Gebt euch Rückmeldung mithilfe des Wortspeichers aus ❶ .

Eine Erzählung planen und schreiben

1 Erzähle.

Hunger

Niam konnte sein Kuscheltier nicht finden. Wo war es nur? Aufgeregt lief er in den Garten. Er schaute sich um.
Da entdeckte er seinen Elefanten auf dem Apfelbaum. Wie war er dorthin gekommen? Und warum lag dort ein Brot? Plötzlich begann sein Kuscheltier zu sprechen …

S. 128 **2** Plant eine Erzählung zu dem Bild.
Nutzt den Schreibplan. 🐦🐦

3 Gehe leise durch den Raum
und lies die Ideen der anderen Kinder.

S. 130 **4** Schreibe deine Erzählung auf.

5 Lest euch eure Erzählungen vor. 🐦🐦
Was ist besonders gelungen?

S. 125 **6** Präsentiert eure Erzählung.
Gebt euch Rückmeldung zur
Verständlichkeit und Reihenfolge.

Schreibplan

Thema / Schreibidee: _____

Hauptfiguren: _____
Zeitpunkt: _____
Ort: _____

Ereignis / Problem: _____
Ziel der Hauptfigur: _____

Handlung (Stichwörter): _____
Ergebnis der Handlung: _____

Überschrift: _____

 Mir gefällt …

 Du könntest noch etwas verbessern.

 Tipp Ich gebe dir den Tipp …

8 Schreiben Texte planen und schreiben: nutzen vor dem Schreiben Methoden zur
Sammlung und Ordnung von Schreibideen
Texte überarbeiten: geben zentrale, konkrete Anregungen und Hilfestellun-
gen für Texte und heben dabei die Stärken und gelungenen Elemente hervor

> Schreibplan, S. 128
> Textaufbau, S. 130
> Rückmeldung geben, S. 125

Eine Erzählung überarbeiten

1 Luzie, Anna und das Autorenkind Pia überarbeiten
die Erzählung in einer Schreibkonferenz. Erzähle.

S. 131

2 Findet euch in Dreiergruppen zusammen.
Überarbeitet eure Erzählungen von Seite 8
in einer Schreibkonferenz.

Die Textlupen helfen dir,
gezielte Rückmeldungen
zu geben.
Kontrolliere zum Schluss
deinen Text sorgfältig. K

3 Wie war eure Schreibkonferenz?
Was ist gelungen? Was kann verbessert werden?

Hat jeder
mitgearbeitet?

S. 132

4 Schreibe deine Erzählung überarbeitet auf.
Schreibe lesbar und gleichmäßig.

5 Welche Tipps aus der Schreibkonferenz
waren hilfreich? Begründe. △

Schreiben

Texte überarbeiten: nehmen zentrale Anregungen für die Überarbeitung auf
und setzen sich dazu jeweils ein konkretes Überarbeitungsziel | überarbeiten
ihre Texte rechtschriftlich nach Fehlerschwerpunkten sowie hinsichtlich der
sprachlichen Richtigkeit und nutzen dazu auch Beratung und Hilfestellungen

> Textlupen, S. 131
> Schreibkonferenz, S. 131
> Texte überarbeiten, S. 132

Nomen erkennen

1 Erzähle.

Wir haben schon gelernt, wie wir beweisen können, dass ein Wort ein Nomen ist.

Warum wird das Wort **Ärger** großgeschrieben? Anfassen oder sehen kann ich es nicht!

Hm, da war etwas mit Mehrzahl, mit Artikel und Adjektiv!

2 Wie kannst du beweisen, dass das Wort **Ärger** ein Nomen ist und großgeschrieben werden muss? △

Du brauchst mindestens zwei Beweise.

Artikel
Großschreibung
Einzahl
Mehrzahl
Adjektive dazwischenschieben haben

3 Beweist, dass diese Wörter Nomen sind.

| Kind | Humor | Hoffnung | Wetter | Wut | Winter |
| Dorf | Käfer | Mädchen | Ärztin | Luft | Freund |

Gefühle kann ich haben.

4 Wie kannst du die Nomen aus **3** ordnen?

!

Vor Nomen kann der bestimmte oder der unbestimmte Artikel stehen. Der Artikel zeigt das **Geschlecht** des Nomens an: männlich, weiblich oder sächlich.

der/ein (männlich)   der Freund, der Hund, der Topf
die/eine (weiblich)   die Freundin, die Ziege, die Gabel
das/ein (sächlich)   das Kind, das Schaf, das Regal

5 Finde zu jedem Geschlecht Nomen. Schreibe sie auf.

Sprachgebrauch und Sprache untersuchen und reflektieren | Sprachliche Strukturen untersuchen: bestimmen die Merkmale von Nomen, indem sie sie variieren, und wenden sie in eigenen Texten richtig an Grammatisches Prinzip nutzen: erweitern den Nominalkern, um die Großschreibung des Nomens zu erkennen | > AH, S. 5

Nomen erkennen

1 Lies die Geschichte.

Erlebnis in dunkler Nacht

In der ersten Nacht in der Wildnis lief ich
durch die Finsternis. Plötzlich sah ich eine Gestalt
in der Dunkelheit. Es war ein alter Mann, der mir
mit großer Höflichkeit eine Botschaft gab. Auf dem
5 Zettel war eine Zeichnung mit einer Landschaft.
Ich wollte das Geheimnis unbedingt lösen.
Auf einmal sprang etwas aus dem Gebüsch.
Vor Aufregung schrie ich laut und wachte auf.
Was für eine Erleichterung!

2 Finde in **1** alle Nomen. Woran erkennst du sie? Schreibe sie auf. △

3 Elf Nomen haben einen Wortbaustein am Ende.
Markiere diese Wortbausteine in deinen Wörtern.

> Wörter mit den Wortbausteinen heit , keit , ung , schaft und
> nis am Ende sind Nomen. Sie werden großgeschrieben.

4 Bilde Nomen mit Wortbausteinen.
Schreibe sie mit bestimmtem Artikel auf.

erkennen Freund erklären schwierig Mann dumm

5 Vergleicht eure Ergebnisse aus **4** . ∽

S. 124

6 Findet Nomen mit dem Wortbaustein nis .
Schreibt sie mit dem bestimmten Artikel auf.

S. 134

7 Schreibe Sätze mit den Nomen aus **4** auf.

Sprache untersuchen
Suchen und Verarbeiten

Sprachliche Strukturen untersuchen: bestimmen die Merkmale von Nomen, indem sie sie variieren, und wenden sie in eigenen Texten richtig an Morphologisches Prinzip nutzen: nutzen Wortbausteine, um die Wortart zu bestimmen

> AH, S. 6
> Murmelrunde, S. 124
> Medienbildung, S. 134

11

Verben erkennen

1 Beschreibe Sofias Problem.

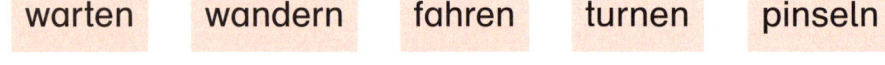

Straße	stand	Dunkelheit	lief
Mond	dem	unheimlich	an
Sterne	vor	veränderte	nicht

> Es gibt so viele Wörter! Wie soll ich bloß erkennen, welche davon Verben sind?

> Vor ein Verb kannst du ein Pronomen setzen: **Ich** laufe.

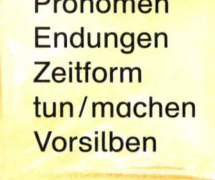

2 Wie kannst du Sofia helfen?
Woran erkennst du Verben? △

Pronomen
Endungen
Zeitform
tun/machen
Vorsilben

3 Schreibe die Verben in allen Personalformen auf.
Markiere jeweils die Endung.

warten	wandern	fahren	turnen	pinseln

Einzahl
1. ich
2. du
3. er/sie/es

Mehrzahl
1. wir
2. ihr
3. sie

4 Schreibe mit diesen Verben Sätze.

leihen	laufen	springen	halten	riechen

5 Schreibe die Verben aus **4** in der 1. Vergangenheit
in der er-Form und in der wir-Form auf.

6 Findet zu den Verben passende Vorsilben.

holen	laufen	geben	stellen	bauen

7 Findet alle Verben.
Nennt zu jedem Verb zwei Beweise.

flog	nachts	schützen	hier	nicht	wir	sehr	einsammeln
uns	ihnen	schnell	kam	atmet	im	sucht	verkaufen

8 Einigt euch auf eine Vorsilbe. Wer findet die meisten Verben?

Verbformen passend bilden

1 Erzähle.

Erzähle bitte noch einmal von deiner Schulzeit ...

Damals <u>haben</u> wir die Regeln nicht gemeinsam <u>entwickelt</u>. Unsere Lehrerin <u>hat</u> die Regeln nur <u>gesagt</u>. Wir <u>haben</u> sie uns <u>gemerkt</u>. Wenn wir gegen die Regeln <u>verstoßen haben</u>, <u>ist</u> es zu großem Ärger <u>gekommen</u>. Der Schuldirektor <u>hat</u> die Eltern zu einem Gespräch <u>eingeladen</u>. Das <u>ist</u> nicht lustig <u>gewesen</u>!

Gab es bei euch schon Gruppenarbeit?

2 In welcher Zeitform erzählt die Großmutter in **1** ?

3 Lest die Sätze. Was fällt euch auf?

> Phil schreibt die Erzählung auf.
> Phil schrieb die Erzählung auf.
> Phil hat die Erzählung aufgeschrieben.

Gegenwart
1. Vergangenheit
2. Vergangenheit
Hilfsverb **haben**
Hilfsverb **sein**
Erzählzeit
Schreibzeit

4 Wann verwendest du welche Zeitform?

5 Schreibe in der 1. Vergangenheit auf, was du gestern erlebt hast.

6 Schreibe Sätze in der 1. und 2. Vergangenheit.
Achte auf die Stellung der Vorsilbe.

verkaufen   ankommen   abschreiben   weglaufen   vorrennen

Sprachgebrauch und Sprache untersuchen und reflektieren

Sprachliche Strukturen untersuchen: bestimmen die Merkmale von Verben, indem sie sie variieren, und wenden sie in eigenen Texten richtig an | verwenden Verben in den verschiedenen Zeitformen in angemessener Weise

> AH, S. 7

13

Adjektive erkennen

1 Erzähle.

klein   rund   glücklich   gut
lustig   viel   hoch   voll

> Sind das alles Adjektive?

2 Was wisst ihr noch über Adjektive?

3 Steigert die Adjektive aus **1**.
Was fällt euch auf?

> wie ist ...
> Gegenteil
> steigern
> vergleichen
> ig , lich

4 Vergleiche die Adjektive in diesen Sätzen.
Was fällt dir auf? △

Nele ist so schnell wie ihre Schwester.

Nele ist schneller als ihre Schwester.

> Ist etwas anders, benutze ich **als**.
> Ist etwas gleich, benutze ich **so wie**.

5 Schreibe den Text ab. Setze die Adjektive passend ein.

Lea und Ben zelten mit ihren Eltern an einem *(groß)* See. Am Morgen entdecken die Kinder ein *(alt)* Baumhaus. Sie wollen hochklettern, aber die Strickleiter ist zu *(kurz)*. *(schnell)* läuft Lea zurück und holt ein *(lang)* Seil. Ben meint: „Das reicht nicht, wir brauchen ein *(lang)* Seil!" „Ich bin *(groß)* als du, gib mal her!", lacht Lea. Und schon klettert sie *(hoch)* als ihr Bruder gekommen wäre.

6 Finde in jedem Satz den Fehler. Schreibe den Text richtig auf. △

Lea zieht das lange seil hoch. Ben ruft mit Lauter Stimme: „Ich will auch hoch!" Seine alt Schwester lacht. Sie bindet einen festen knoten nach dem anderen in das Tau. Ben freut sich und klettert Schnell hoch.

Sprachgebrauch und Sprache untersuchen und reflektieren

Sprachliche Strukturen untersuchen: bestimmen die Merkmale von Adjektiven, indem sie sie variieren, und wenden sie in eigenen Texten richtig an Grammatisches Prinzip nutzen: wenden Strategien zum Erkennen von Adjektiven an

> AH, S. 8

Wortarten an Wortbausteinen erkennen

1 Erzähle.

Bausteine sind prima! Bei vielen Wörtern erkenne ich daran ganz schnell die Wortart.

Ich muss dafür noch nicht mal wissen, was das Wort bedeutet. Unwissenheit ist ein Nomen.

heit

ig   ung

2 Sammelt Wörter mit Wortbausteinen.

S. 134

3 Ordnet eure Wörter aus **2**. Erklärt, wie ihr sie sortiert habt.

4 Verändere diese Wörter mithilfe von Wortbausteinen.

sicher   landen   verstanden   ergeben   gerecht

heit
keit   ig
ung   lich
schaft   nis

5 Vergleicht eure Wörter aus **4**.
Welche Wortarten sind entstanden?

6 Schreibe den Text richtig auf.

MIAS FAMILIE HAT IN DEN LETZTEN FERIEN AN EINER KANUTOUR IM ALTMÜHLTAL TEILGENOMMEN. ZUERST BEKAMEN SIE DIE AUSRÜSTUNG UND EINE AUSFÜHRLICHE EINWEISUNG. DANN KAMEN DIE BOOTE INS WASSER. DIE STRECKE WAR LANDSCHAFTLICH SEHR INTERESSANT. IMMER WIEDER GAB ES SCHÖNE DINGE ZU ENTDECKEN.
AM ANFANG WAR ES GEMÜTLICH, SPÄTER KAM DIE STRÖMUNG. MIA FAND ES SEHR LUSTIG.

7 Erklärt euch gegenseitig, was euch beim Aufschreiben geholfen hat.

Sprache untersuchen
Suchen und Verarbeiten

Sprachliche Strukturen untersuchen: ändern Wortbedeutung und Wortart bewusst durch Wortbausteine und beschreiben Gesetzmäßigkeiten Morphologisches Prinzip nutzen: nutzen Wortbausteine, um die Wortart zu bestimmen

> AH, S. 9
> Medienbildung, S. 134

15

1 Lies den Text. Schreibe die markierten Wörter auf Kärtchen.

Ein spannendes Wochenende

Sarahs Großeltern planen ein Wochenende in München.
Sie wollen Sarah mitnehmen und starten schon an einem Freitag.
Auf jeden Fall werden sie die Auer Dult besuchen.
Der Großvater erklärt Sarah, dass es die Dult seit 1905
5 dreimal jährlich gibt. Dult ist ein anderer Name
für Jahrmarkt . Es gibt unterschiedliche Verkaufsgassen
mit witzigen Namen wie Raritätengasse und
Neuheitengasse. In der Schatzsuchergasse kann
man verborgene Kostbarkeiten suchen.
10 Sarahs Oma will ein winziges
 Puppengeschirr aufspüren.

S. 136 **2** Untersucht eure Wörter und führt ein Rechtschreibgespräch.

| sehen | hören | sprechen | verlängern |

| ableiten | ich kann es nicht erklären | merken |

3 Berichtet über eure Ergebnisse.

4 Wie ist euch das Rechtschreibgespräch gelungen?

5 Schreibe aus **1** die Wörter mit Wortbausteinen ig , heit , keit , ver auf.

6 Findet weitere Wörter mit Aufpassstellen im Text in **1** . 〜

S. 138 **7** Übe deine schwierigen Wörter.

8 Schreibe den Text aus **1** als

▬ Abschreibtext ▬ Schleichdiktat ▬ Partnerdiktat.

Richtig schreiben: trainieren Rechtschreibung entsprechend eigener
Lernbedürfnisse mit einem erweiterten Übungswortschatz
Über Lernen sprechen: führen Lerngespräche, in denen sie ihre Lern-
strategien beschreiben, über Arbeitsergebnisse und Lösungswege sprechen

> AH, S. 10
> Rechtschreibgespräch, S. 136
> Wörter üben, S. 138–142

1 Schreibe auf: Was möchtest du an deiner Schrift verbessern?
Wie setzt du deine Ziele um?

2 Schreibe eine Erzählung
zu diesem Bild.
Achte besonders auf eine sinnvolle
Reihenfolge und vollständige Sätze.

3 Wobei hilft dir eine Schreibkonferenz?

4 Sortiere diese Wörter nach Wortarten.
Woran hast du sie erkannt?

UNSICHER	TRUG	UNGLAUBLICH	VERWIRRUNG	EHRLICH
GLAUBST	SAH	VERSICHERN	FREIHEIT	LÜGST
EINIGKEIT	FROH	AUSLAUFEN	ENTSETZLICH	WINZIG

5 Warum ist es wichtig, die Wortarten bestimmen zu können?

6 Finde den Fehler in jedem Satz. Schreibe den Text richtig auf.

Sarah informiert sich im internet
zur Auer Dult. Schon im Mittelalter
wurden verkaufsstände rund um
die Kirche aufgebaut. Dort wurden
alle Möglichen Waren angeboten.
Im Jahr 1796 ferlieh Kurfürst Karl
Theodor dem Dorf Au ein
besonderes Recht. Es durfte
zweimal Jährlich eine Dult
abgehalten werden.

7 Schätze dich ein.
Was gelingt dir? Wo brauchst du noch Hilfe?
Welches Ziel möchtest du verfolgen?
Wie kann das gelingen?

S. 127

Zu Themen recherchieren

1 Erzähle.

Meerestiere durch Plastik bedroht

86-150 Millionen Tonnen Plastikmüll im Meer

Mikroplastik in der Nahrungskette

Keine Plastiktüten mehr!

Mikroplastik in der Nahrungskette

In vielen kosmetischen Produkten wie Zahnpasta, Duschgel oder Körperlotion befinden sich winzig kleine Plastikteilchen, sogenanntes Mikroplastik. Diese Teilchen sind so winzig, dass sie nicht aus dem Abwasser herausgefiltert werden können. Fische und andere Meeresbewohner nehmen sie mit ihrer Nahrung auf.

Recherchieren bedeutet: etwas herausfinden, z.B. aus Büchern oder im Internet.

2 Welcher Suchbegriff ist für eine Recherche geeignet? △

Bedrohung für Meerestiere   Meerestiere

3 Sucht euch ein Umweltthema,
zu dem ihr recherchieren möchtet.
Was wollt ihr wissen? Schreibt Stichwörter.

S. 134 **4** Recherchiert zu eurem Thema.
Notiert eure Ergebnisse auf Karten.

Vorkommen: Mikroplastik
• Zahnpasta
• Duschgel
• ...

5 Wo und wie habt ihr eure Informationen gefunden?
Tauscht euch aus und nennt Informationsquellen.

Über Lernen sprechen: beschreiben mittels bekannter Formulierungen im Austausch mit anderen einzelne Schritte beim Lernen und Problemlösen | führen Lerngespräche, in denen sie ihre Lernstrategien beschreiben, über Arbeitsergebnisse und Lösungswege sprechen

> Medienbildung, S. 134

Ein Referat planen und halten

1 Lies, was Niko recherchiert und markiert hat. Erzähle.

Plastiktüten vermeiden!
Die dünnen Plastiktüten, die im Super-markt zum Einpacken von Salat, Obst und Gemüse verwendet werden, produ-zieren jährlich einen riesigen Müllberg. Da sie sehr langsam verrotten, müssen sie verbrannt werden. Dabei erzeugen sie giftige Gase. Viele Tüten verschmut-zen die Umwelt. Sie gelangen in Flüsse und Seen und auch ins Meer.

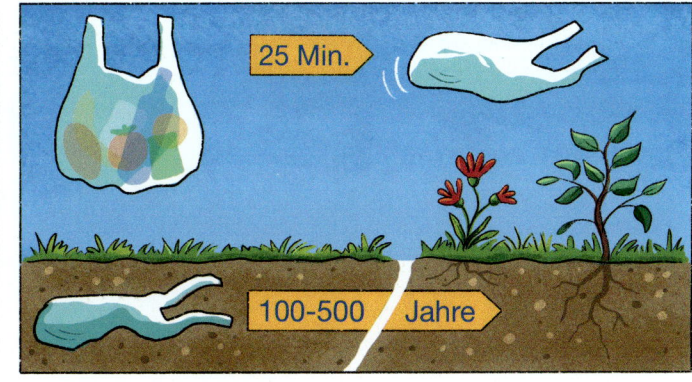

25 Min.

100-500 Jahre

2 Niko möchte ein Referat darüber halten. Erkläre diese Begriffe. △

Vorkommen	Nutzungsdauer	Entsorgung
Lebensdauer	Vermeidung	Problem

Umweltverschmutzung durch Plastiktüten
• Vorkommen:
• Nutzungsdauer:

3 Schreibe für Niko einen Lern-Spickzettel. Ordne dafür den Begriffen aus **2** die entsprechenden Informationen aus **1** zu.

S. 133

4 Wie könnte Niko sein Plakat zu seinem Referat gestalten? ∽

S. 133

5 Was muss Niko beachten? △

vor dem Referat	während des Referates	nach dem Referat

6 Plane und halte ein Referat zu deinem Thema von Seite 18. Gebt euch Rückmeldung.

Ich konnte gut mitdenken, während du gesprochen hast.

Was bedeuten auf deinem Plakat *25 Min.*?

Über ein Thema sprechen

1 Erzähle.

2 Welche Ideen habt ihr zur Müllvermeidung? Ergänzt.

3 Stellt eure Ideen vor.

4 Die Klasse 4 b will Müll trennen und sammelt Argumente dafür (pro) und dagegen (kontra). Ordnet diese Aussagen den drei Kategorien zu.

pro Mülltrennung	kontra Mülltrennung	unsachliche Beiträge

- Die Schule hat keinen Container für den Plastikmüll.
- Wir bräuchten 30 Mülleimer für 10 Klassen. Das ist zu teuer.
- Wir tun etwas für den Umweltschutz, weil wir Wertstoffe sammeln.
- Wenn der Biomüll nicht jeden Tag geleert wird, stinkt es.
- Ich bringe gar keinen Biomüll mit.
- Wir sollten lieber ganz Müll vermeiden. Dann müssen wir auch keinen Müll mehr trennen.
- Für die Mülleimer benötigt man zusätzliche Müllbeutel. Das verursacht wieder Müll.
- Ich habe keine Lust, Müll zu trennen.
- Zuhause trennen wir den Müll doch auch.

5 Vergleicht eure Zuordnungen aus **4**.
Woran erkennt ihr unsachliche Argumente?

Eine Pro- und Kontra-Diskussion führen

1 Erzähle.

Jeder darf abwechselnd ein Argument vortragen und es dann begründen. Phil kann anfangen.

Können wir eine Schule werden, die Müll vermeidet?

pro

kontra

Ich bin für die Mülltrennung in der Schule, weil wir damit Wertstoffe wie Papier und Kunststoff sammeln.

Ich bin gegen die Mülltrennung, weil jede Klasse dann drei Mülleimer bräuchte. Das ist teuer und nimmt Platz weg.

2 Erkläre die Aufgaben dieser Personen. △

> Moderator/Moderatorin
> Sprecher/Sprecherin der Pro-Gruppe
> Sprecher/Sprecherin der Kontra-Gruppe

Begründe deine Meinung mit **weil**, **denn** oder **da**.

3 Pro oder kontra Müllvermeidung? Für welche Position entscheidet ihr euch? Nutzt passende Argumente und Gegenargumente mithilfe einer Tabelle.

4 Wählt einen Moderator/eine Moderatorin.

5 Bildet eine Pro- und eine Kontra-Gruppe. Wählt je einen Sprecher/eine Sprecherin.

6 Führt eine Pro- und Kontra-Diskussion durch.

Moderatorin

S. 126

7 Gebt euch Rückmeldung zu eurem Gesprächsverhalten. Wart ihr rücksichtsvoll und wertschätzend?

Einen Bericht planen und schreiben [T]

1 Erzähle.

Ist das nicht der verlorene Haustürschlüssel von Sinah?

2 Beantworte die W-Fragen mithilfe des Bildes in **1**.

Wer?　Wo?　Wann?　Was?　Wie?　Warum?

3 Nina möchte für die Schulhomepage einen Bericht über die Müll-Sammelaktion schreiben.
Schreibe Stichwörter zu den W-Fragen aus **2** auf. △

Die Müll-Sammelaktion

Wer?
Wo?
Wann?
Was?
Wie?
Warum?
Folgen: verlorenen Schlüssel wiedergefunden

S. 130　**4** Schreibe mithilfe deiner Stichwörter aus **3** einen Bericht.
S. 129　Beachte die Textsorte.

Ein Bericht enthält keine Gefühle, Gedanken oder persönlichen Meinungen. Er ist sachlich und steht in der 1. Vergangenheit.

Alle Kinder der Sternenschule beteiligten sich am vergangenen Donnerstag an der großen Müllsammelaktion.

Texte planen und schreiben: schreiben eigene informierende, berichtende Texte und achten auf die Vollständigkeit und zeitliche Ordnung der Informationen

> Bericht, S. 130
> Texte formulieren, S. 129

Einen Bericht überarbeiten

1 Lies den Bericht von Nina. Erzähle.

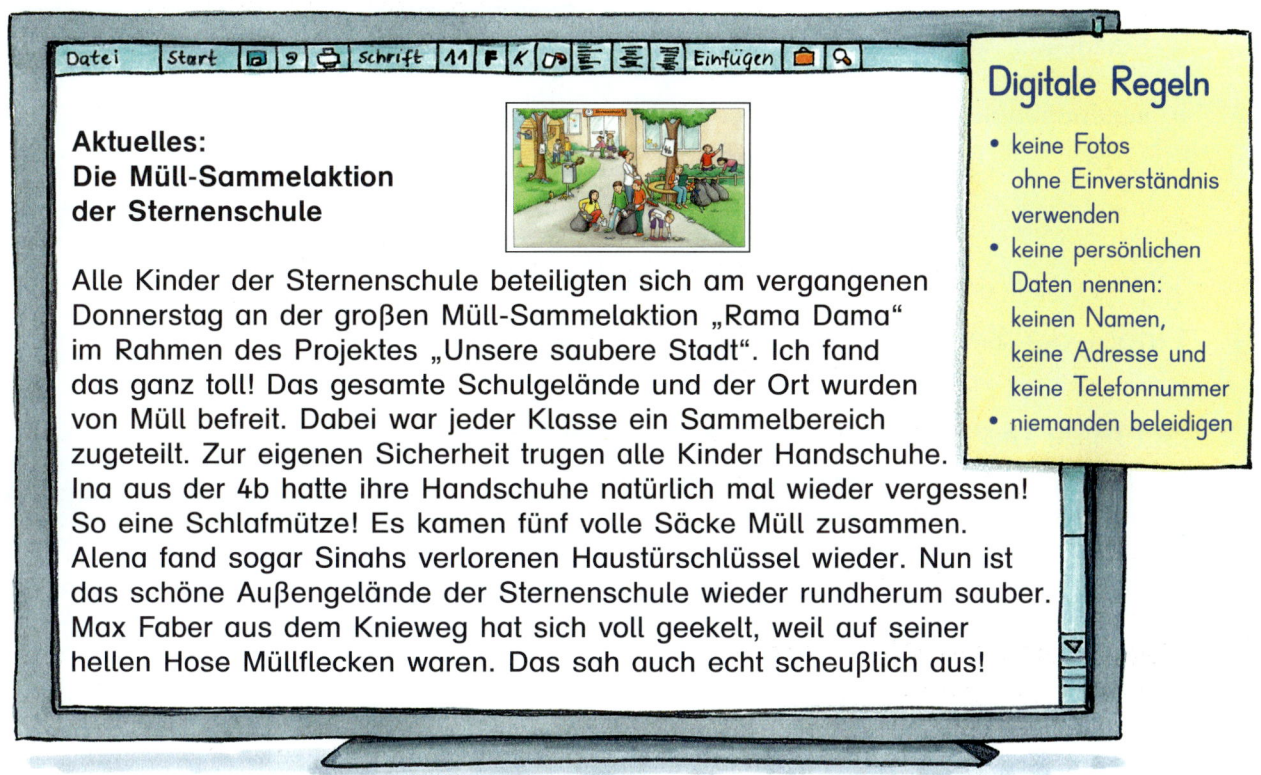

Aktuelles:
Die Müll-Sammelaktion der Sternenschule

Alle Kinder der Sternenschule beteiligten sich am vergangenen Donnerstag an der großen Müll-Sammelaktion „Rama Dama" im Rahmen des Projektes „Unsere saubere Stadt". Ich fand das ganz toll! Das gesamte Schulgelände und der Ort wurden von Müll befreit. Dabei war jeder Klasse ein Sammelbereich zugeteilt. Zur eigenen Sicherheit trugen alle Kinder Handschuhe. Ina aus der 4b hatte ihre Handschuhe natürlich mal wieder vergessen! So eine Schlafmütze! Es kamen fünf volle Säcke Müll zusammen. Alena fand sogar Sinahs verlorenen Haustürschlüssel wieder. Nun ist das schöne Außengelände der Sternenschule wieder rundherum sauber. Max Faber aus dem Knieweg hat sich voll geekelt, weil auf seiner hellen Hose Müllflecken waren. Das sah auch echt scheußlich aus!

Digitale Regeln

- keine Fotos ohne Einverständnis verwenden
- keine persönlichen Daten nennen: keinen Namen, keine Adresse und keine Telefonnummer
- niemanden beleidigen

2 Erklärt euch die digitalen Regeln. S. 135

3 Diskutiert über diesen Satz in Ninas Bericht:
„Max Faber aus dem Knieweg hat sich voll geekelt,
weil auf seiner hellen Hose Müllflecken waren."

4 Lies die Sätze.
Welche gehören in einen Bericht,
welche nicht?

Ich fand …

So eine Schlafmütze!   Ich fand das ganz toll!

Zur eigenen Sicherheit trugen alle Kinder Handschuhe.

5 Überarbeitet Ninas Bericht in einer Schreibkonferenz. S. 131
Achtet auf eine sachliche Darstellung und eine passende Reihenfolge.

Schreiben

 *Analysieren und Reflektieren*

Texte überarbeiten: geben zentrale, konkrete Anregungen und Hilfestellungen für Texte und heben dabei die Stärken und gelungenen Elemente hervor
Sprachliche Strukturen untersuchen: untersuchen Texte und beschreiben die typischen Textmerkmale für informierende Texte

> AH, S.12
> Medienbildung, S. 135
> Schreibkonferenz, S. 131
> Texte überarbeiten, S. 132

23

Satzglieder erkennen und verwenden

1 Erzähle.

Satzglieder sind Wörter, die im Satz zusammenbleiben.

Dabei hilft uns auch die Klangprobe.

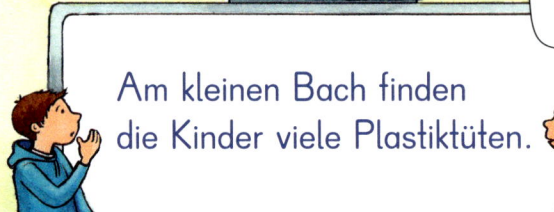

Am kleinen Bach finden die Kinder viele Plastiktüten.

2 Findet die Satzglieder im Satz aus **1**.

3 Schreibe die Sätze ab. Führe die **Umstellprobe** durch und markiere die Satzglieder.

Mit der Umstellprobe findest du die Satzglieder.

Alle Kinder laufen auf den Schulhof.

Sie sammeln dort den ganzen Müll.

4 Satzglieder kann man auch erweitern.
Dadurch kann man genauer erzählen.
Das nennt man **Erweiterungsprobe**. Erkläre.

Die Kinder suchen.
Die Kinder suchen Müll.
Die Kinder suchen Müll neben dem Bach.

5 Führe die **Erweiterungsprobe** mithilfe passender Satzglieder durch.

Wir beobachten.   Elias findet.   Lisa sieht.   Bu holt.

6 Kürze diese Sätze sinnvoll. Schreibe so:
Lin liest ~~am Abend~~ einen Zeitungsbericht ~~im Bett~~.

Subjekt und Prädikat bleiben übrig.

Das Mädchen erzählt in der Schule von dem Bericht.
Die Kinder diskutieren danach über das Thema.

24 Sprachgebrauch und Sprache untersuchen und reflektieren

Sprachliche Strukturen untersuchen: verändern Sätze durch Umstellen, Erweitern und Weglassen von Satzgliedern, um ihre Sprachbewusstheit und ihre Ausdrucksfähigkeit beim Sprechen und Schreiben zu erweitern

> AH, S. 13
> Texte überarbeiten, S. 132

Die Satzgliederproben nutzen

1 Erzähle.

Mein Bericht über die Rama-Dama-Aktion klingt irgendwie langweilig.

Du könntest die Proben für die Satzglieder nutzen.

2 Welche Proben können helfen? Nutze den Merkkasten.

Mit der **Klangprobe**, der **Umstellprobe** und der **Weglassprobe** findet man die Satzglieder. Subjekt und Prädikat können durch weitere Satzglieder erweitert werden (**Erweiterungsprobe**). Mit der **Ersatzprobe** kannst du Wiederholungen vermeiden und dich besser ausdrücken.

!

3 Erweitere die Sätze passend zu den Fragewörtern. Vermeide mithilfe der **Umstellprobe** gleiche Satzanfänge.

Wir haben Müll gesammelt.	Wer?
Wir waren unterwegs.	Wann?
Wir sind zurückgegangen.	Wohin?
Wir haben Brotzeit gemacht.	Wie lange?

4 Führe die **Ersatzprobe** durch.

Josef <u>hüpft</u> mit seinem Vater zum Müllsammeln.
Der Junge fischt <u>das Ding</u> aus dem Wasser.
<u>Er</u> <u>tut</u> alles in den großen Sack.
<u>Er</u> kann den Sack fast nicht mehr tragen.
<u>In der Nacht</u> kommen sie zur Schule zurück.
Dort <u>duschen</u> sie sofort ihre Hände.

5 Schreibt die Sätze aus **4** richtig auf. Vergleicht.

Sprachgebrauch und Sprache untersuchen und reflektieren

Sprachliche Strukturen untersuchen: verändern Sätze durch Umstellen, Ersetzen, Weglassen und Erweitern von Satzgliedern, um ihre Sprach-bewusstheit und ihre Ausdrucksfähigkeit beim Sprechen und Schreiben zu erweitern

> AH, S. 13
> Texte überarbeiten, S. 132

25

Satzglieder bestimmen

1 Was wisst ihr über diese Satzglieder? Erzählt.

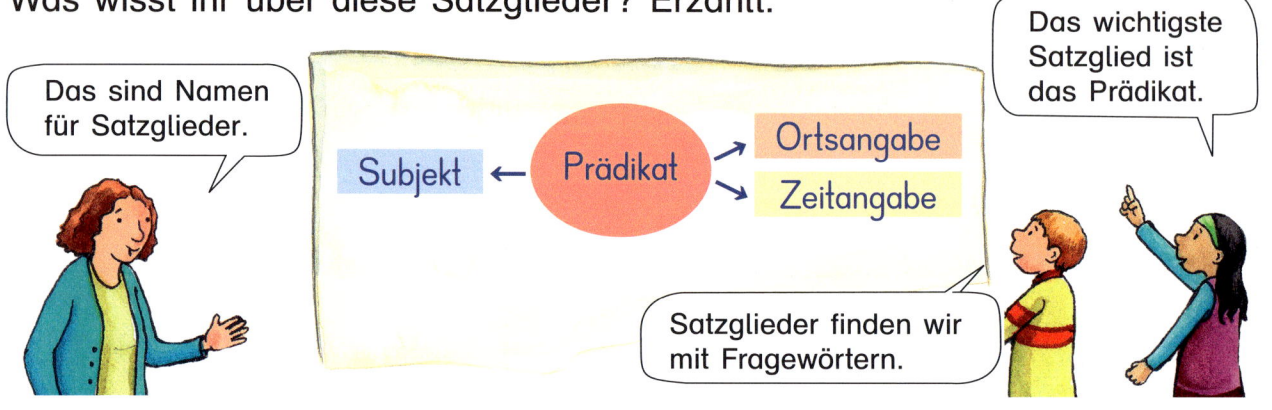

Das sind Namen für Satzglieder.

Das wichtigste Satzglied ist das Prädikat.

Subjekt ← Prädikat → Ortsangabe / Zeitangabe

Satzglieder finden wir mit Fragewörtern.

2 Ordnet die Fragewörter den Satzgliedern aus **1** zu.

Woher?   Wann?   Wo?   Wer/Was?   Seit wann?

Wie lange?   Wohin?   Was macht/Was geschieht?

! Ein Satz besteht aus mindestens zwei Satzgliedern, aus dem Prädikat und dem Subjekt. Das Prädikat ist immer ein **Verb** und bestimmt das Subjekt (Wer/Was?) und die Satzergänzungen.

3 Schreibe die Sätze ab. Bestimme alle Satzglieder. △

> Veronika geht zur Schule.
> Heute scheint die Sonne.
> Auf dem Pausenhof laufen Kinder.
> Um 8.00 Uhr beginnt der Unterricht.

4 Schreibe den Text ab. Kreise die Satzglieder ein.

> Seit vielen Jahren gelangen tausende Plastiktüten in unser Wasser.
> Der Großteil des Plastiks schwimmt unter der Meeresoberfläche.

Zweiteilige Prädikate bestimmen

1 Bestimmt die Prädikate. Was fällt euch auf?

> Jeden Freitag nehmen wir uns ein Umweltziel vor.
> Wir schalten das Licht immer aus.

2 Was hast du herausgefunden? Erkläre. △

Prädikat	Verb	zwei Teile	Vorsilbe

3 Schreibt die Sätze ab.
Bestimmt die Satzglieder, die ihr kennt.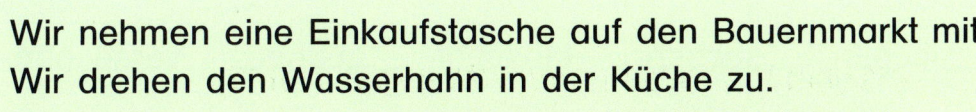

> Wir nehmen eine Einkaufstasche auf den Bauernmarkt mit.
> Wir drehen den Wasserhahn in der Küche zu.
> Wir stellen auf dem Pausenhof ein Insektenhotel auf.

4 Bilde Sätze und markiere das zweiteilige Prädikat.

Blumenzwiebeln eingraben   Müll aufheben   Laub aufhäufen

5 Bestimmt die Prädikate. Erklärt.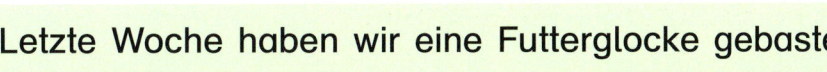

> Letzte Woche haben wir eine Futterglocke gebastelt.
> Nächste Woche wollen wir uns über Bienen informieren.

> Prädikate können aus zwei Teilen bestehen.
> Wir **pflanzen** neue Bäume **an**.
> Wir **haben** gestern neue Bäume **angepflanzt**.

!

6 Finde Verben mit Vorsilben.
Bilde Sätze in verschiedenen Zeitformen und bestimme das Prädikat.

Schwierige Silbengrenzen erkennen

1 Wo ist die Silbengrenze? Erkläre.

> Es heißt du-schen, aber heißt es auch wa-schen?

> Aber es heißt auch nicht wasch-en!

> Außerdem klingt das **a** in waschen nicht klar und hell.

> Das **sch** ist wie ein Gelenk. Es gehört zu beiden Silben.

2 Untersuche diese Wörter so wie in **1**. △

| Flasche | lachen | suchen | Muschel | Löcher | versuchen |

3 Schreibe die Wörter aus **2** mit Silbenbögen auf.

4 Wo sind hier die Silbengrenzen?

| backen | Rücken | fleckig | putzen | kratzen | schmutzig |

!

sch, ch, ck und **tz** sind **Silbengelenke**. Man hört sie in beiden Silben: waschen, lachen, backen, putzen.

Beim Trennen am Zeilenende gehören sch, ch und ck zur 2. Silbe: wa-schen, la-chen, ba-cken.
tz wird am Zeilenende in der Mitte getrennt: put-zen.

---

5 Sortiere die Wörter. Erkläre deinem Partnerkind deine Sortierung.

| Lesebücher | trocken | Fächer | schwitzen | Sportsocken | Sachen |
| rascheln | rauschen | Haken | witzig | schmecken | Pfütze |

Worttrennung am Zeilenende

1 Erzähle.

> Der Herzog hatte Eulenspiegel des Landes verwiesen. Er sollte nie wieder das Land betreten, sonst würde er am Galgen landen. Till Eulenspiegel besorgte sich Pferd und Karren und kaufte einem Bauern so viel Ackerboden ab, wie in seinen Karren hineinpasste. Dann setzte er sich so hinein, dass nur seine Arme und sein Kopf hinausschauten.

> Der Herzog hatte Eulenspiegel des Lan-des verwiesen. Er sollte nie wieder das Land betreten, sonst würde er am Galgen landen. Till Eulenspiegel be-sorgte sich Pferd und Karren und kauf-te einem Bauern so viel Ackerbo-den ab, wie in seinen Karren hi-neinpasste. Dann setzte er sich so hinein, dass nur seine Arme und sein Kopf hinausschauten.

2 Welchen Tipp würdest du dem Kind geben,
das den ersten Text geschrieben hat?

3 Lies die Trennregeln. Erkläre sie einem Partnerkind.

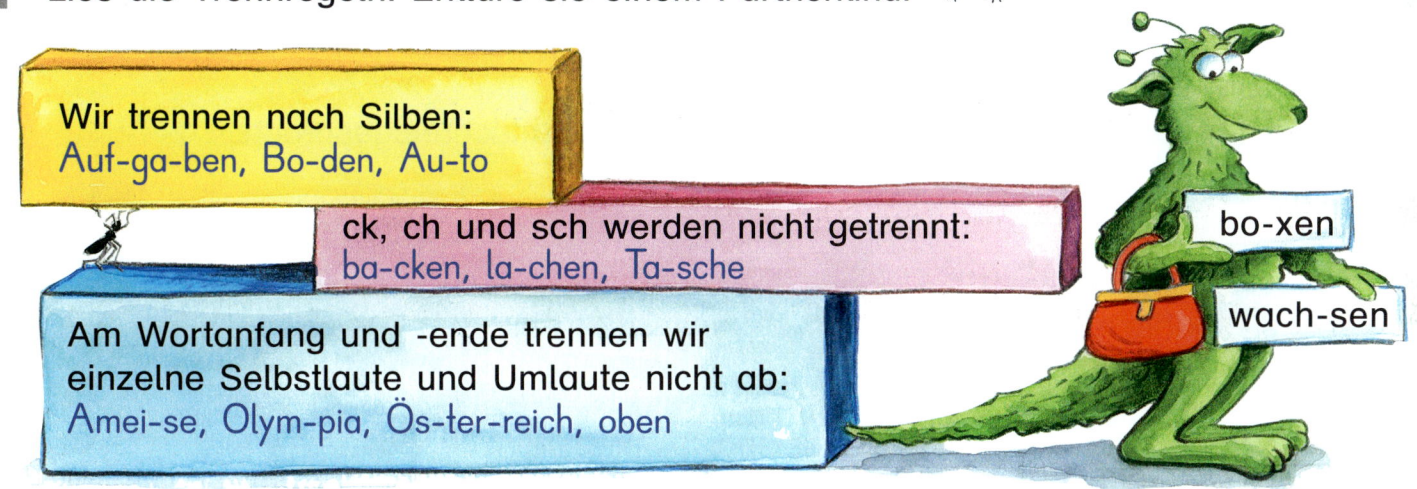

Wir trennen nach Silben:
Auf-ga-ben, Bo-den, Au-to

ck, ch und sch werden nicht getrennt:
ba-cken, la-chen, Ta-sche

Am Wortanfang und -ende trennen wir
einzelne Selbstlaute und Umlaute nicht ab:
Amei-se, Olym-pia, Ös-ter-reich, oben

bo-xen

wach-sen

4 Welche Trennregeln aus **3** musst du beachten? △

überholt	gehören	sprechen	verstecken	auslachen
Geschichte	tauschen	Ananas	abgewaschen	Opernhaus

5 Welche Worttrennung ist sinnvoller? Begründe. △

be-inhalten	Spargel-der	Spieler-öffnung	Ei-stempel
bein-halten	Spar-gelder	Spiel-eröffnung	Eis-tempel

Sprachgebrauch und
Sprache untersuchen
und reflektieren

Phonologisches und silbisches Prinzip nutzen: trennen Wörter
nach Schreibsilben am Zeilenende, auch am Silbengelenk

> AH, S. 17

29

 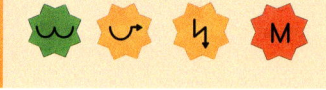

1 Lies den Text. Schreibe die markierten Wörter auf Kärtchen.

Ein unerwarteter Fund

Nina und Luisa wollen freiwillig Müll auf dem Schulhof sammeln.

Dafür holen sie sich zwei Zangen und einen Eimer vom Hausmeister.

Nachdem sie schon mehrere Bananenschalen

aufgehoben haben, schlägt Nina vor,

5 diese in die richtige Tonne zu bringen. Danach

geht Luisa zu den Sträuchern und schimpft:

„Hier liegt alles voller Papier und Plastik!"

Sie heben fleißig alles auf.

Auf einmal ruft Nina: „Da liegt doch ein

10 Anhänger, aber ohne Kette! Wem gehört er wohl?"

Luisa fragt: „Wir sind ehrliche Finder, oder?"

S. 136 **2** Untersucht eure Wörter und führt ein Rechtschreibgespräch.

sehen	hören	sprechen	verlängern

ableiten	ich kann es nicht erklären	merken

3 Berichtet über eure Ergebnisse.

4 Wie ist euch das Rechtschreibgespräch gelungen?

5 Schreibe aus **1** die Wörter mit Wortbausteinen ig , ge , auf auf.

6 Findet weitere Wörter mit Aufpassstellen im Text in **1**.

S. 138 **7** Übe deine schwierigen Wörter.

8 Schreibe den Text aus **1** als

Abschreibtext Schleichdiktat Partnerdiktat.

Richtig schreiben: trainieren Rechtschreibung entsprechend eigener Lernbedürfnisse mit einem erweiterten Übungswortschatz
Über Lernen sprechen: führen Lerngespräche, in denen sie ihre Lernstrategien beschreiben, über Arbeitsergebnisse und Lösungswege sprechen

> AH, S. 18
> Rechtschreibgespräch, S. 36
> Wörter üben, S. 138–142

1 Was musst du beachten, wenn du ein Referat halten möchtest?

2 Beschreibe die Rollen in einer Pro- und Kontra-Diskussion.

3 Welche Fragen beantwortet ein guter Bericht?
Was gehört nicht in einen Bericht?

4 Führe die Weglassprobe durch.
Schreibe die Sätze ab und streiche durch.

> Anna trifft auf dem Spielplatz Martin und Pia.
> Die Kinder spielen den ganzen Nachmittag
> mit dem Hüpfgummi. Martin springt immer höher.

5 Was fällt dir in den gekürzten Sätzen aus **4** auf?

6 Schreibe die Sätze ab. Bestimme alle Satzglieder.

> Leonie hat am Wochenende im Nachbarort übernachtet.
> Die beiden Freundinnen haben die ganze Nacht geredet.
> In der Früh sind sie in ihren Betten eingeschlafen.

7 Schreibe Sätze mit diesen Verben.
Nutze auch Orts- und Zeitangaben.

> wegwerfen   einsammeln   verknoten   vorsortieren

8 Trenne die Wörter nach den Trennungsregeln.

> packen   Südafrika   lauschen   Hausdächer   Blumentopferde

9 Prüfe deine Ziele aus dem letzten Kapitel.
Was hast du schon erreicht? Wo brauchst du noch Hilfe?
Welches Ziel möchtest du nun verfolgen?
Wie kann das gelingen?

S. 127

Über Lernen sprechen: vergleichen nach dem gesetzten Zeitraum ihre
Lernergebnisse mit den Zielen und bewerten ihren Lernerfolg; setzen sich
aufgrund dieser Einschätzung selbst herausfordernde, angemessene Ziele I
wählen Lernmethoden, Material und Hilfen aus, um ihre Ziele zu erreichen

> AH, S. 19
> Das kann ich jetzt, S. 127

Miteinander diskutieren

1 Die Klasse 4a will einen Krimi lesen. Sie diskutieren, wie sie ein Buch aussuchen könnten. Erzähle.

2 Welche Aussagen in **1** findest du für eine Buchauswahl hilfreich? △

3 Was wäre euch bei der Auswahl eines Krimis wichtig?

4 Welches Buch würdet ihr wählen?
Sammelt Argumente dafür in Stichwörtern.

> Ein neues Detektivmuseum in der Stadt? Das muss Kwiatkowski sehen! Dem Museumsbesuch folgt auch prompt ein Auftrag: Das wertvollste Ausstellungsstück wurde gestohlen – die Pfeife von Sherlock Holmes. Ehrensache, dass Kwiatkowski den Fall übernimmt. [...]

Jürgen Banscherus
KWIATKOWSKI
Sherlocks Pfeife

> Seit Meerschweinchen Bertie den total genialen Tür-auf-Trick entdeckt hat, erkundet die Pfötchen-Gäng jeden Tag das Haus am Nusskernweg. Und sofort stoßen die fünf Freunde auf ihren ersten Fall. Nymphensittich Elvis' Karte mit dem Zwei-Millionen-Körnerschatz ist verschwunden! [...]

Katja Alves · Marta Balmaseda
Die supergeheime Pfötchen-Gäng
Der Zwei-Millionen-Körnerschatz

5 Diskutiert mit euren Argumenten.

> Ich habe andere ausreden lassen.

6 Wie ist euch die Diskussion gelungen? Gebt euch Rückmeldung.

S. 125

Gespräche führen: achten auf eine wertschätzende Gesprächsatmosphäre
Über Lernen sprechen: führen Lerngespräche, in denen sie ihre Lernstrategien beschreiben, über Arbeitsergebnisse und Lösungswege sprechen, die Zusammenarbeit bewerten oder Feedback an ein Team geben

> Gesprächsregeln, S. 125

Wertschätzend miteinander sprechen

1 Erzähle.

2 Spielt das Gespräch aus **1** nach. Achtet auf eure Körpersprache.

S.126

3 Wie habt ihr euch beim Rollenspiel gefühlt?

4 Was meint das Mädchen rechts mit seiner Aussage „Wir müssen sachlich bleiben."?

5 Plant das Gespräch aus **1** mit Ich-Botschaften, so dass niemand beleidigt wird.

6 Stellt das Gespräch als Rollenspiel dar.

7 Welche Unterschiede zu dem Gespräch aus **2** konntet ihr feststellen?

Sprechen und Zuhören | Szenisch spielen: interpretieren eine Rolle, indem sie Gefühle und Charakter einer Figur allein und in Beziehungen zu anderen durch verschiedene Ausdrucksformen verdeutlichen | beobachten andere im szenischen Spiel und beschreiben die Wirkung ihres Spiels auf das Publikum | > Szenisch spielen, S. 126

Ein Krimi-Geschichtenbuch planen

1 Erzähle.

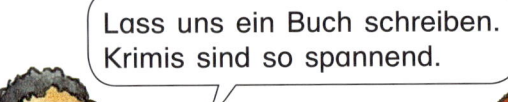

Lass uns ein Buch schreiben. Krimis sind so spannend.

Ich sammle Ideen für meinen Krimi.

S. 130 **2** Erstellt ein Cluster mit euren Ideen für einen Krimi.

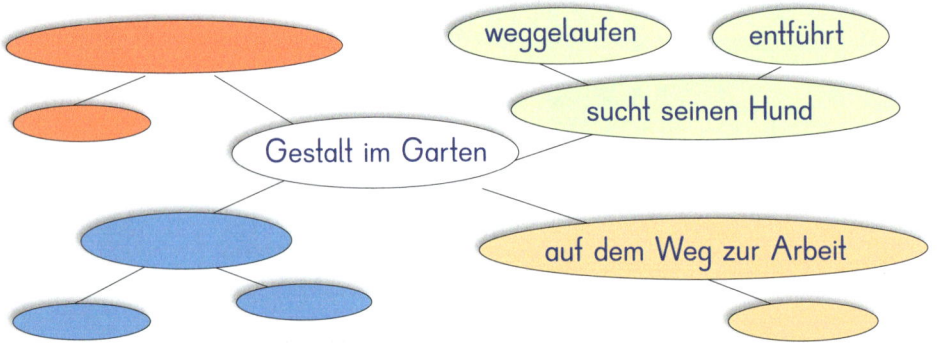

weggelaufen

entführt

sucht seinen Hund

Gestalt im Garten

auf dem Weg zur Arbeit

!

Texte planen – Cluster   S. 128
Mit einem Cluster kann ich Gedanken ordnen.
1. Ich schreibe das Thema in die Mitte.
2. Ich schreibe Ideenketten mit Gefühlen und Gedanken.
   Die Ideenketten können sich auch verzweigen.

3 Geht leise durch die Klasse und lest die Cluster der anderen Gruppen.

4 Entscheide dich für eine Ideenkette. Plane deine Geschichte mit Stichwortkarten und dem roten Faden.

5 Erzähle deine Geschichte mithilfe des roten Fadens.

Eine gute Geschichte hat einen roten Faden. Er zeigt den Leserinnen und Lesern, was nacheinander passiert.

6 Gebt euch Rückmeldung.
Ist die Geschichte verständlich?

Texte planen und schreiben: nutzen vor dem Schreiben Methoden zur Sammlung und Ordnung von Wortmaterial, Informationen, Begründungen und Schreibideen | gestalten erzählende Texte lebendig, wirkungsvoll und anschaulich durch den gezielten Einsatz passender sprachlicher Mittel

> Cluster, S. 128
> Krimi, S. 130

Einen Krimi schreiben

1 Erzähle.

Text A Es war laut. Er ging in das Wohnzimmer. Das Geräusch kam vom Fenster. Er hielt die Taschenlampe in der Hand. An seinem Bein war etwas. Er schrie: Hilfe!"	**Text B** Es klirrte und schepperte laut. Zitternd schlich er in das stockfinstere Wohnzimmer. Da, schon wieder ein Geräusch! Ein leises Rascheln kam vom Fenster. Bewegte sich da nicht etwas? Der Angstschweiß brach ihm aus. Mit feuchten Fingern umklammerte er fest seine Taschenlampe, aber er traute sich nicht, sie anzuknipsen. Plötzlich spürte er etwas an seinem Bein. „Hilfe!", schrie Tom panisch und so laut wie er konnte. „Hilfe! Hilft mir denn keiner?"

2 Welcher Text aus **1** gefällt dir besser? Begründe. Nenne Textstellen. △

> In meinem Kopf ist gerade Kino.

3 Sammelt weitere Wörter, durch die *Kino im Kopf* entsteht.

zitternd   feuchte Finger   aufgeregt   gespannt

4 Schreibe deinen Krimi von Seite 34 mithilfe der Stichwortkarten auf.
Lass deine Figuren denken und sprechen.
Du kannst auch digitale Medien nutzen.

> Schreibe wirkungsvoll und anschaulich. Achte auf deine Schrift.

S.129

S.134

S.130

5 Lest euch eure Krimis vor.
Beachtet diese Höraufträge, während ein Kind vorliest.

Gedanken   Spannung   Gefühle

6 Wie ist dir dein Krimi gelungen? Was nimmst du dir vor? △

Einen Krimi überarbeiten

1 Lest den Krimi von Paul.
Was gefällt euch? Begründet mit Textstellen. 👧👦

> ### Eine finstere Gestalt
>
> Ich hatte gestern Geburtstag. Meine besten Freunde Mikael und
> Vitus übernachteten bei mir. Wir konnten einfach nicht einschlafen.
> Wir hörten etwas. Zwischen den Häusern ging eine Gestalt herum.
> Die Gestalt trug nur schwarze Sachen. Ich sagte:
> 5 „Das ist bestimmt ein Einbrecher. Lasst uns die Polizei
> anrufen." „Das lass lieber deinen Vater machen",
> sagte Mikael. Vitus sagte: „Ich habe Angst."
> Wir schauten durch den Türspalt. Meine Mutter kam
> aus der Küche. Sie ging zur Haustür. Sie murmelte:
> 10 „Hast du ihn gefunden?" Da ging schon Tristan,
> unser Hund, ins Haus. Papa kam hinterher.
> Papa trug eine schwarze Hose.

S. 131 **2** Was fällt dir noch auf? △

3 Wie kann Paul diese Sätze durch Erweitern, Ersetzen
oder Umstellen verbessern? 👧👦

> Wir konnten einfach nicht einschlafen. Wir hörten etwas. Zwischen den
> Häusern ging eine Gestalt herum. Die Gestalt trug nur schwarze Sachen.
> Ich sagte: „Das ist bestimmt ein Einbrecher. Lasst uns die Polizei anrufen."

S. 131 **4** Überarbeitet Pauls Krimi
in einer Schreibkonferenz. 👧👦

> Denke an das *Kino im Kopf*. Du kannst
> verschiedene Satzanfänge nutzen, Sätze
> umstellen, erweitern oder Wörter ersetzen.

5 Schreibe den überarbeiteten Krimi sorgfältig auf.

S. 134 **6** Überarbeite deinen Krimi von Seite 35.
Stelle Sätze um und erweitere sie, wenn nötig.
Du kannst digitale Medien nutzen. 🗂

plötzlich

36 Schreiben
Sprache untersuchen

🗂 *Basis-
kompetenzen*

Texte überarbeiten: nehmen zentrale Anregungen für die Überarbeitung auf
Sprache untersuchen: verändern Sätze durch Umstellen und Erweitern von
Satzgliedern, um ihre Ausdrucksfähigkeit beim Schreiben zu erweitern

> AH, S. 20
> Schreibkonferenz, S. 131
> Medienbildung, S. 134

Texte gestalten und präsentieren

1 Die Klasse 4a will ihre Krimis in einem Geschichtenbuch veröffentlichen. Beschreibe die verschiedenen Gestaltungen der Texte dieser Seite.

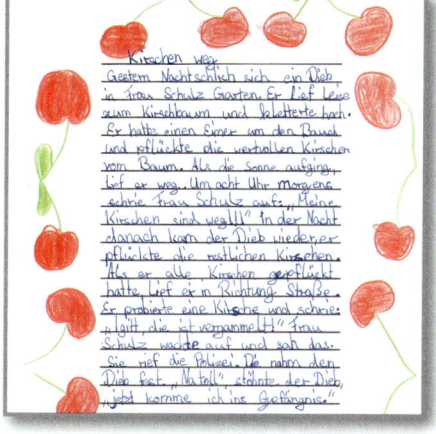

2 Vergleicht die äußere Form dieser Geschichten. Nutzt die Begriffe.

Fett   Schriftgröße   Zeilenabstand   Schriftart

Eine finstere Gestalt

Ich hatte gestern Geburtstag.
Meine besten Freunde Mikael und Vitus übernachteten bei mir. Wir konnten einfach nicht einschlafen. Andauernd erzählten wir uns Witze. Plötzlich hörten wir ein gruseliges Geräusch und schlichen ans Fenster. Eine Gestalt huschte zwischen den Häusern herum. Sie trug schwarze Kleidung. Aufgeregt flüsterte ich: „Das ist bestimmt ein Einbrecher. Lasst uns besser die Polizei anrufen."

Auf dem Zeltplatz
Endlich kamen die Sommerferien. Schon lange hatten sich Kemal und Sarah auf diese Zeit gefreut. Gemeinsam hatten sie eine Woche im Zeltlager geplant. Ganz ohne ihre Eltern. Am ersten Abend lernten sich alle Kinder bei einem gemeinsamen Essen am Lagerfeuer kennen. Es gab Stockbrot. Nach dem Essen machten sie sich dann auf zu einer langen Nachtwanderung. Der Mond hatte sich hinter vielen Wolken versteckt und auf den Wegen, die in den Wald hinein führten, war es stockfinster, als es losging. Draußen herrschte eine sonderbare Stille. Nur die Eule war von Zeit zu Zeit zu hören. Langsam gingen die Kinder vorwärts, als plötzlich ein lautes Knacken zu hören war. Kemal erschrak.

3 Ordnet die Begriffe aus **2** den Symbolen zu.

S. 134

4 Welche Computersymbole für die Textgestaltung kennt ihr noch?

5 Gestaltet euren Krimi von Seite 36. Beratet euch gegenseitig.

S. 135

Schreiben

Produzieren und Präsentieren

Texte überarbeiten: gestalten ihren Text ansprechend und passend zur Textfunktion; Über Schreibfertigkeiten verfügen: gestalten Texte zweckmäßig, übersichtlich und ansprechend und nutzen dazu auch die Möglichkeiten von Computerprogrammen

> Medienbildung, S. 134/135

37

Satzzeichen der wörtlichen Rede verwenden

1 Erzähle.

> Wie kann ich meinen Krimi spannender schreiben?

> Du könntest die wörtliche Rede verwenden.

2 Was weißt du noch über die wörtliche Rede? △

3 Untersucht diese Sätze. Was fällt euch auf?

> „Wir treffen uns heute Abend am Spielplatz", flüstert Ben.
> Franzi erwidert daraufhin: „Ich bringe alles Nötige mit."
> „Vergiss bloß die Taschenlampe nicht!", meint Stefan.

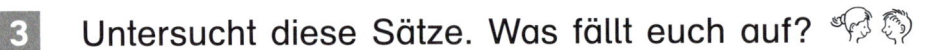

Satzzeichen
Redebegleitsatz
wörtliche Rede

Im Redebegleitsatz steht, wer spricht und wie gesprochen wird. Er kann **vor** und **nach** der wörtlichen Rede stehen.

wörtliche Rede   Redebegleitsatz

„Lass dich nicht erwischen!" , ermahnt ihn Tobi.

Anführungszeichen Satzzeichen Anführungszeichen Komma
unten   oben

Johannes behauptet: „Ich fürchte mich vor nichts!"

---

4 Schreibe die Sätze als wörtliche Reden mit nachgestelltem Redebegleitsatz auf.

> Vorsicht: Bei nachgestelltem Redebegleitsatz verliert der **Aussagesatz** seinen Punkt.

> Wir sind gleich da.

> Sei bloß leise!

> Was habt ihr denn vor?

Die wörtliche Rede verwenden

1 Lies den Text.

> Wo ist mein Pausenbrot jammerte Lina, als sie wieder im Klassenzimmer war du wirst es schon gegessen haben meinte Anne ich weiß genau, dass es vorhin noch da war entgegnete Lina bestimmt du glaubst doch nicht, dass es jemand geklaut hat fragte ihre Freundin verunsichert

2 Wie ist es dir beim Lesen des Textes gegangen? Begründe. △

3 Schreibe den Text aus **1** mit allen Satzzeichen auf.

4 Prüft eure Sätze und Zeichen mithilfe des Regelkastens auf S. 38. Verbessert, wenn nötig.

5 Welche Wörter könnt ihr für das Wort **sagen** noch verwenden? Sammelt Wörter zu diesem Wortfeld auf einem Plakat.

6 Schreibe das Gespräch mit Redebegleitsätzen auf. Verwende deine gesammelten Wörter aus **5** passend.

7 Was wäre, wenn du beim Aufschreiben alle Redebegleitsätze weglassen würdest? △

Wörter mit Konsonantenverdopplung richtig schreiben

1 Erzähle.

Du musst die Wörter sprechen und die Silben untersuchen.

Weißt du, wann man zwei Konsonanten schreibt?

Ich höre auf die Vokale in der 1. Silbe.

A

Hüte   Ofen
Schale Schule

B

Hütte   offen
Halle   Bulle

2 Sprecht euch die Wörter aus **1** normal vor. Achtet auf die erste Silbe.

3 Schreibe die Wörter aus **1** auf. Setze Silbenbögen.

4 Was hast du herausgefunden? Erkläre. △

| offen | geschlossen | dunkel | kurz | lang | hell | deutlich |

5 Schreibe die Wörter in eine Tabelle. Setze Silbenbögen.

| Kater | Flüsse | Kette | Flusen | stellen | Krabbe |
| Paddel | Schafe | essen | Wale | Pudel | rasen |

6 Ergänze deine Tabelle mit Wörtern aus der Wörterliste.

7 Einfach oder doppelt? Schreibe die Sätze richtig auf. Vergleicht.

Anne findet nach der Pau▮e (s/ss) Linas Brot. Sie hat es in ihrer roten Do▮e (s/ss) verge▮en (s/ss). Das Brot kann sie noch schnell aufe▮en (s/ss), bevor der Lehrer ko▮en (m/mm) wird. Es würde ihm nicht gefa▮en (l/ll), wenn sie kauend in der Kla▮e (s/ss) sitzen würde.

wann   wenn   dann   immer   zusammen

Sprachgebrauch und Sprache untersuchen und reflektieren

Phonologisches Prinzip nutzen: nutzen Silben und Klangunterschiede der Vokale, um sich Schreibungen zu erschließen
Richtig schreiben: schreiben gängige Schreibungen (Wörter mit Konsonantenverdopplung) routiniert richtig

> AH, S. 22

Wortarten bei zusammengesetzten Wörtern untersuchen

1 Erzähle.

Ich möchte in meinem Krimi aufschreiben, dass die Nacht pechschwarz war. Schreibt man pechschwarz groß oder klein?

Ich glaube, es hat etwas mit Grundwort und Bestimmungswort zu tun.

2 Untersucht diese Wörter.
Welche müsst ihr kleinschreiben?

FINGERABDRÜCKE   SPIEGELGLATT   BITTERKALT

Grundwort
vorne
hinten
Wortart
Bestimmungswort

3 Was hast du herausgefunden? Erkläre. △

4 Adjektiv oder Nomen? Begründe. △

GARTENHAUS   TASCHENLAMPE   WILDFREMD
BLITZSCHNELL   TONNENSCHWER   DIEBESBEUTE
LUPENREIN   DETEKTIVLUPE   NAGELNEU

5 Findet weitere zusammengesetzte Wörter,
die für einen Krimi passend sind.

S. 135

6 Finde in jedem Satz den Fehler. △
Schreibe die Sätze richtig auf.

Martin öffnet hungrig den kühlschrank. Doch seine leckere lieblingswurst ist verschwunden! Papa meint, es war der Fuchsrote Hund der Nachbarn.
Martin lacht über den ausredenerfinder:
Er weiß genau, wer der geistreiche wurstdieb war.

Sprache untersuchen
Suchen und Verarbeiten

Sprachliche Strukturen untersuchen: verwenden Zusammensetzungen als Mittel der Wortbildung und beschreiben Gesetzmäßigkeiten, nach denen sich Artikel und Wortart richten

> AH, S. 23
> Medienbildung, S. 135

41

Wörter mit Fugenelementen schreiben

1 Lies den Text.
Schreibe die zusammengesetzten Nomen untereinander auf.

> Nils hatte einen aufregenden Tag: erst die leckere
> Geburtstagstorte, dann die tolle Taschenlampe
> von Oma, eine Bootsfahrt und am Ende mit Papa
> auf dem Verkehrsübungsplatz. Ob er morgen
> wohl auch noch Klassensprecher werden würde?

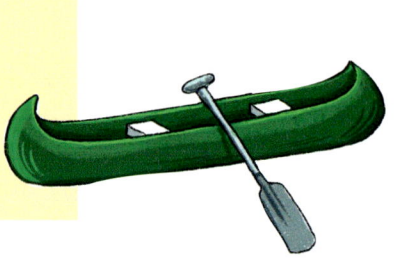

2 Markiert in euren Wörtern aus **1** die einzelnen Nomen.
Geburtstagstorte, Taschenlampe

3 Was fällt dir auf? Erkläre. △

> Diese Buchstaben nennt man Fugenelemente.

| Nomen | Buchstaben | übrig |

4 Sprecht die zusammengesetzten Nomen
aus **2** mit und ohne die Fugenelemente.
Was fällt euch auf?

5 Schreibe den Text mit zusammengesetzten Nomen auf.
Markiere die Fugenelemente.

> Nils schnappt sich am nächsten Morgen
> seine ▰ (Dose/Frühstück) und rennt zur Schule.
> Als er in den ▰ (Raum/Klasse) kommt, sitzen
> schon alle im ▰ (Kreis/Stuhl). In der Mitte stehen
> zehn ▰ (Kerze/Tag/Geburt). Sein ▰ (Lehrer/Klasse)
> stimmt das ▰ (Lied/Tag/Geburt/Liebling) an.
> Oje, Nils hat die ▰ (Muffins/Schokolade) vergessen.

S. 134 **6** Findet zusammengesetzte Nomen
mit dem Fugenelement (s).

  Sprache untersuchen
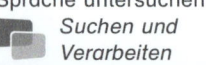 *Suchen und Verarbeiten*

Verbindung unterschiedlicher Prinzipien nutzen: schreiben Wortzusammensetzungen mit Fugenelementen richtig

> AH, S. 24
> Medienbildung, S. 134

Zusammengesetzte Wörter verlängern

1 Erzähle.

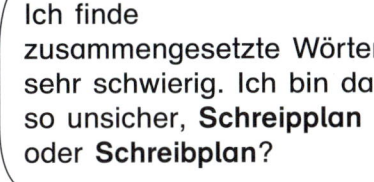

Ich finde zusammengesetzte Wörter sehr schwierig. Ich bin da so unsicher, **Schreipplan** oder **Schreibplan**?

Denke an unsere Strategien.
Du musst die Wörter zerlegen und den ersten Teil verlängern.

2 Zerlegt die zusammengesetzten Wörter.
Verlängert den ersten Teil der Wörter.

Bre$^n_{nn}$ofen	T$^i_{ie}$rgehege	Gol^t_dkette	Schwi$^m_{mm}$halle
Wil^t_dbach	Schran^k_gtür	Hal^z_stuch	Ste^h_hplatz

3 Schreibe den Text richtig auf. Verlängere sinnvoll. △

Sherlock erklärt Watson, warum er sofort einige Ermi⬛lungsergebnisse (t/tt) benennen konnte. Bob trägt seine Uniform, weil ein normaler Arbei⬛stag (t/d) ist. Er erkannte sie, weil in einem Zeitun⬛sartikel (k/g) ein Bild des Hotels mit Hotelangeste⬛ten (l/ll) abgebildet war. Als Fun⬛stücke (d/t) hat Bob den Hut und die Gans mitgebracht.

4 Finde in jedem Satz den Fehler.
Schreibe die Sätze richtig auf. △

Watson soll keine Straffanzeige, sondern eine Suchanzeige aufgeben. Gesucht wird der Besitzer eines schwarzen Hutes und einer Ganz. Dabei bereitet die Haushälterin schon ein abendessen vor. Aber sie ist fassunkslos, weil in dem Tier ein Gegenstand steckt.

1 Lies den Text. Schreibe die markierten Wörter auf Kärtchen.

Wie gemein!

In diesem Jahr darf Johannes zum ersten Mal am Klausentreiben
teilnehmen. Neugierig fragt sein kleiner Bruder Martin ihn aus.
Johannes erklärt ihm alles freundlich: „Wir verkleiden uns
mit Fellen und einem Helm mit Hörnern . Mit Schellen und Kuhglocken
5 ziehen wir später von Haus zu Haus und vertreiben mit unserem
gruseligen Lärm die bösen Geister des Winters und der Dunkelheit ."
Ihre Mutter kommt ins Zimmer und ruft aufgeregt :
„Max hat angerufen! Stell dir vor, all eure Glocken,
Schellen und Felle sind verschwunden.
10 Die älteren Helme sind noch da,
aber die Hörner wurden abgebrochen!"

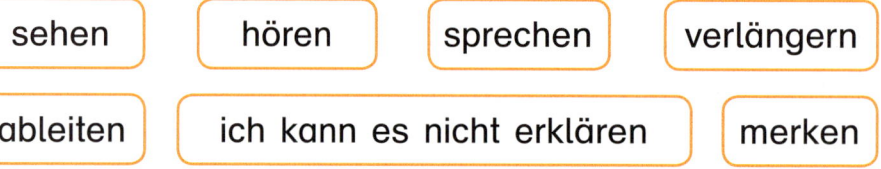

S. 136 **2** Untersucht eure Wörter und führt ein Rechtschreibgespräch.

> sehen
> hören
> sprechen
> verlängern
> ableiten
> ich kann es nicht erklären
> merken

3 Berichtet über eure Ergebnisse.

4 Wie ist euch das Rechtschreibgespräch gelungen?

5 Schreibe aus ❶ die Wörter mit Wortbausteinen ig , lich und ver auf.

6 Findet weitere Wörter mit Aufpassstellen im Text in ❶ .

S. 138 **7** Übe deine schwierigen Wörter.

8 Schreibe den Text aus ❶ als

Abschreibtext   Schleichdiktat   Partnerdiktat.

Richtig schreiben: trainieren Rechtschreibung entsprechend eigener Lernbedürfnisse mit einem erweiterten Übungswortschatz
Über Lernen sprechen: führen Lerngespräche, in denen sie ihre Lernstrategien beschreiben, über Arbeitsergebnisse und Lösungswege sprechen

> AH, S. 26
> Rechtschreibgespräch, S. 136
> Wörter üben, S. 138–142

1 Durch welche sprachlichen Mittel kannst du
ein *Kino im Kopf* entstehen lassen?

2 Wie kannst du Texte am Computer gestalten?

3 Schreibe die Sätze als wörtliche Reden.
Ergänze passende nachgestellte Redebegleitsätze.

Verstehe ich dich richtig?

Ja, du verstehst mich richtig.

Super, ich verstehe dich richtig!

4 Schreibe drei zusammengesetzte Wörter mit Fugenelementen auf.

5 Adjektiv oder Nomen? Begründe.

FALSCHGELD   STERNENKLAR   SAMTWEICH   HANDSCHELLEN

6 Finde in jedem Satz den Fehler.
Schreibe die Sätze richtig auf.

Vater setzt sich nach dem Essen auf den
Stuhl und holt seine Muntharmonika. Matz und
Jana kennen jedes Lagerfeuerliet. Aber es ist
trotzdem nicht lankweilig. Beim letzten Mal hat
sogar ein fuchs zugehört. Meistens kommen
noch andere vom Zeldplatz dazu. So kriechen
sie nie vor Mitternacht in ihre Schlaffsäcke.
Morgens sind sie immer Hundemüde.

7 Prüfe deine Ziele aus dem letzten Kapitel.
Was hast du schon erreicht? Wo brauchst du noch Hilfe?
Welches Ziel möchtest du nun verfolgen?
Wie kann das gelingen?

S. 127

Über Lernen sprechen: vergleichen nach dem gesetzten Zeitraum ihre
Lernergebnisse mit den Zielen und bewerten ihren Lernerfolg; setzen sich
aufgrund dieser Einschätzung selbst herausfordernde, angemessene Ziele I
wählen Lernmethoden, Material und Hilfen aus, um ihre Ziele zu erreichen

> AH, S. 27
> Das kann ich jetzt, S. 127

Fachbegriffe verwenden

1 Das ist die Titelseite einer Zeitung. Lest den Text.
Erklärt die markierten Wörter mit eigenen Worten.

Die **Titelseite** ist die erste Seite einer Zeitung. Dort stehen die wichtigsten Nachrichten des Tages. Der obere Teil der Titelseite mit dem Namen der Zeitung heißt **Zeitungskopf**.
Eine **Schlagzeile** in fetten Buchstaben steht als Hauptmeldung auf der ersten Seite. Darunter steht noch eine kleinere Überschrift: die **Unterzeile**.
Ein großes **Aufmacherfoto** dient als Blickfang.
Es soll die Kunden vor allem dazu anregen, die Zeitung zu kaufen.
Die verschiedenen Artikel in einer Zeitung sind in **Spalten** gedruckt.

2 Sucht zu jeder Rubrik Schlagzeilen aus einer Zeitung.

Politik	Regionales	Sport
Kultur	Wirtschaft	Anzeigen

Der Inhalt einer Zeitung ist nach bestimmten Themen geordnet. Alles, was inhaltlich zusammenpasst, wird in einer Rubrik zusammengefasst.

3 Welche Rubriken einer Zeitung interessieren dich am meisten? Begründe.

4 Worin unterscheiden sich Zeitschriften und Zeitungen? Recherchiere. △

Größe einer Seite	Preis	Erscheinungsweise	Inhalt	...

S. 135 **5** Diskutiert Vor- und Nachteile der unterschiedlichen Informationsquellen.

Ich lese die Tageszeitung und einen Online-Newsletter.

Wir lesen nur digital.

Werbung vergleichen

1 Erzähle.

2 Welche Werbung kennt ihr? Wo gibt es Werbung?

3 Welche Werbung gefällt dir? Welche Werbung stört dich? Begründe. △

4 In welchem Medium findet ihr welche Werbung?
Lest die Merkmale. Recherchiert unbekannte Wörter.

Fernseher	Internet	Radio

- es gibt nur bewegte Bilder
- es sind Prominente, Experten oder Symbolfiguren zu sehen
- Werbespot zeigt Geschichten aus dem Alltag

- erscheint als Banner, Pop-up oder Pop-under neben, über, unter oder vor den Inhalten
- die Werbung soll zum Anklicken auffordern

- Stimme sehr wichtig: sie vermittelt Werbebotschaft
- viel Musik und viele Geräusche in der Werbung
- zeitlich nur sehr kurze Werbung

5 Welche Merkmale hat die Plakatwerbung?

6 Welche Werbung bleibt dir besonders im Gedächtnis?
Erkläre.

Sprechen und Zuhören
Sprache untersuchen
Analysieren und Reflektieren

Gespräche führen: beteiligen sich verständlich und zuhörerbezogen an Gesprächen | Gemeinsamkeiten und Unterschiede von Sprachen entdecken: beschreiben und vergleichen Aspekte konzeptioneller Mündlichkeit und konzeptioneller Schriftlichkeit

> Medienbildung, S. 135   **47**

Sich einen Sachtext erschließen

1 Lies und erzähle.

Mit Werbung werden Produkte bekannt gemacht, damit man sie verkaufen kann. Dabei wird mit Botschaften gearbeitet, die die Menschen beeinflussen. Sie sollen aufmerksam werden, Interesse bekommen, neugierig werden und schließlich den
5 Wunsch haben, sich das Produkt zu kaufen.

Dabei nutzt man bestimmte Werbemittel: die Sprache, die Bilder, die Musik. Die Sprache der Werbung ist kurz und einfach. Menschen sollen den Produktnamen und die Wirkung des Produkts schnell verstehen und sich gut merken können. Dazu verwendet
10 man Reime oder Wortspiele. Aufforderungen, Behauptungen oder Fragen sollen die Menschen direkt ansprechen. Die Bilder und die Schriften sind oft groß und bunt, damit sie gut zu sehen sind und im Gedächtnis bleiben.

Ich habe hier eine interessante Seite zu Werbung gefunden.

Vieles davon wusste ich noch gar nicht.

2 Was hast du Neues über Werbung im Text erfahren?
Schreibe Stichwörter auf Karten. △

3 Was hat euch geholfen, den Text zu verstehen?

S. 135 **4** Denkt euch Fragen zum Thema Werbung aus.
Erstellt ein Quiz. Nutzt digitale Medien.

5 Überlegt, ob Werbung wichtig ist.
Findet Beispiele.

48 Sprechen und Zuhören Schreiben
Produzieren und Präsentieren
Zu anderen sprechen: bereiten sich je nach Sprechabsicht gezielt vor, indem sie sich Notizen machen, die Vortragssituation üben und Rückmeldungen beachten
Texte planen und schreiben: nutzen Schreiben zum Erschließen von Texten
> Medienbildung, S. 135

Über Werbung diskutieren

1 Erzähle. Wie entscheidest du? △

2 Vergleicht. 👤👤

A

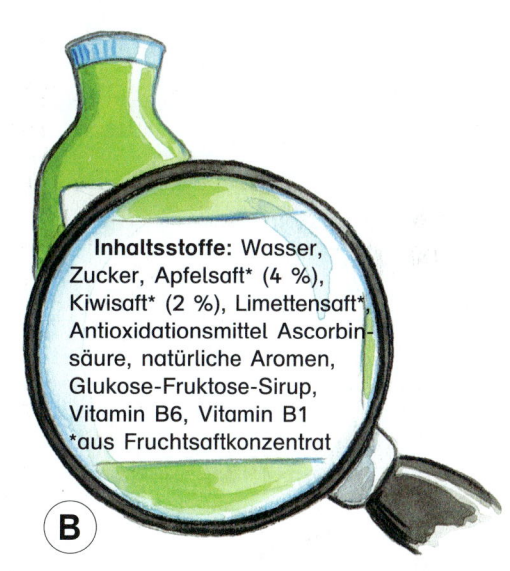

Inhaltsstoffe: Wasser, Zucker, Apfelsaft* (4 %), Kiwisaft* (2 %), Limettensaft*, Antioxidationsmittel Ascorbinsäure, natürliche Aromen, Glukose-Fruktose-Sirup, Vitamin B6, Vitamin B1 *aus Fruchtsaftkonzentrat

B

3 Welchen Text in **2** würdest du als Werbung nutzen? Begründe.

4 Mit welchen Argumenten wirbt Text A in **2**? Warum stehen die Informationen aus Text B nicht in Text A? Erkläre. △

5 Ist es dir auch schon passiert, dass ein Produkt nicht hält, was es verspricht? Erzähle.

> Krass, Werbung sagt nicht immer die Wahrheit!

6 Sammelt Pro- und Kontra-Argumente zu dieser Aussage: „Werbung soll abgeschafft werden." 👥👥

7 Entscheide dich für Pro oder Kontra. Führt eine Pro- und Kontra-Diskussion durch. 👥👥

S. 126

8 Welche Gruppe konnte mit den besseren Argumenten überzeugen?

Sprechen und Zuhören
Sprache untersuchen | Zu anderen sprechen: setzen ihre Sprechabsichten mit angemessenem Wortschatz sowie in der Standard- und Bildungssprache um
Sprachliche Verständigung untersuchen: untersuchen, welche sprachlichen Mittel genutzt werden, um bestimmte Wirkungen zu erreichen | > Pro- und Kontra-Diskussion, S. 126 | **49**

Ein Werbeplakat untersuchen

1 Erkläre die Merkmale eines Werbeplakates.
Beschreibe, wodurch diese Werbung für Kunden interessant wird.

**Merkmale
eines Werbeplakates**

- Produktname mit Logo
- Werbeslogan/Schlagzeile
- Bild als Blickfang
- Werbeslogan/Unterzeile
- Versprechen

2 Beantwortet die Fragen.

- Für welches Produkt wird geworben?
- Was verspricht die Werbung?
- Womit begründet sie es?
- Welche Wortart kommt im Werbeslogan häufig vor?
- Welchen Zusammenhang gibt es zwischen Produktnamen, Bild und Werbeslogan?
- Kannst du den Wahrheitsgehalt des Versprechens überprüfen? Begründe.

… **hice** ist ein Kunstwort. Wenn man es englisch ausspricht, klingt es wie **heiß**.

3 Welche Adjektive würdest du für Werbung einsetzen? Begründe.

| zuckerhaltig | superspritzig | fettig | toll | glitschig | stark |

4 Bilde eigene werbewirksame Adjektive.

Mir fällt **ultraleicht** ein!

| mega | hyper | ultra | super | … |

5 Findet weitere Webeslogans und untersucht sie.

50 Schreiben

Sprache untersuchen

Texte planen und schreiben: ziehen typische Elemente aus informierenden Texten heran und erstellen für eigene Texte Sammlungen
Sprachliche Verständigung untersuchen: untersuchen, welche sprachlichen Mittel genutzt werden, um bestimmte Wirkungen zu erreichen

Ein Werbeplakat planen, gestalten und überarbeiten

1 Vergleicht die Werbeplakate für Turnschuhe.

2 Schaut euch die beiden Plakate noch einmal an.
Prüft mithilfe der Merkmale von Seite 50.

S. 133

3 Plant ein Werbeplakat. Beantwortet dafür die folgenden Fragen.

- Wofür wollt ihr werben?
- Für wen ist euer Produkt gedacht?
- Was ist das Besondere an eurem Produkt?
- Was kann euer Produkt besser als andere Produkte?

4 Denkt euch für euer Produkt einen Namen
und einen Werbeslogan aus.

Auf einem guten Werbeplakat
finde ich einen Werbeslogan.

5 Gestaltet euer Plakat.
Nutzt digitale Medien.
Die Fragen helfen euch.

S. 135

- Welches Bild oder welche Zeichnung passt zu eurem Produkt?
- Welche Farben und welche Schrift passen zu eurem Produkt?

6 Überarbeitet eure Plakate in einer Schreibkonferenz.

S. 131

7 Auf dem Winterfest wollt ihr Waffeln verkaufen.
Wie können eure Waffeln ein Verkaufshit werden?
Plant eine Werbekampagne.

S. 135

Schreiben

 *Produzieren und Präsentieren*

Texte planen und schreiben: verfassen eigene informierende, beschreibende
Texte und achten dabei auf eine reihende Darstellung sowie eine logische
Anordnung der Informationen | Texte überarbeiten: gestalten ihren fertigen
Text ansprechend und passend zur Textfunktion

> AH, S. 28
> Plakat, S. 133
> Schreibkonferenz, S. 131
> Medienbildung, S. 135

51

Adjektive an Wortbausteinen erkennen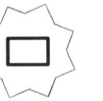

1 Erzähle.

Fast auf jeder Seite ist Werbung. Ich finde das überflüssig!

Ohne Werbeanzeigen wären Zeitschriften gar nicht bezahlbar.

In den Anzeigen wird doch maßlos übertrieben!

Seht mal, mit dieser Zahnbürste soll das Zähneputzen mühelos gehen!

Die Anzeige ist schrecklich.

Ich verfolge Werbung aufmerksam. Dadurch weiß ich, was modisch in oder out ist.

2 Schreibe aus den Sprechblasen in **1** die Adjektive heraus und markiere die Wortbausteine am Ende. Was fällt dir auf?

isch   ig
bar   sam
lich   los

An den Wortbausteinen kannst du Adjektive erkennen.
zeit|ig|, pünkt|lich|, neid|isch|, heil|sam|, maß|los|, mach|bar|

3 Welche Adjektive passen in die Lücken? Schreibt sie auf.

Herr Bach sah in der Werbung das neue Haarwuchsmittel WUSCHELWACHS. Vor Aufregung verschlug es ihm die <u>Sprache</u>, er war ■. Sofort kaufte er das Wundermittel. Nach Wochen zeigte sich noch keine <u>Wirkung</u>. Konnte es etwa ■ sein? Herr Bach wusste keinen <u>Rat</u>, er war ■. Tagelang fand er keinen <u>Schlaf</u> und wälzte sich ■ im Bett hin und her. Fast verlor er den <u>Mut</u>, aber noch war er nicht ■. Er gab die <u>Hoffnung</u> nicht auf, noch war nicht alles ■!

4 Was bewirkt der Wortbaustein |los| bei Adjektiven?

Morphologisches Prinzip nutzen: nutzen Wortbausteine, um die Wortart zu bestimmen
Grammatisches Prinzip nutzen: wenden Strategien zum Erkennen von Adjektiven an

> AH, S. 29

Hilfsverben verwenden

1 Erzähle.

Du willst das neue Spiel haben!

Du musst das neue Spiel haben!

Du sollst das neue SPIEL haben!

Du kannst das neue Spiel haben!

2 Sprecht die Werbeslogans aus **1** und vergleicht.

3 Was hast du herausgefunden? Erklärt. △

| Wirkung | Verben | gleich | unterschiedlich |

wollen

Wenn die Wörter **können**, **müssen**, **wollen**, **dürfen**, **sollen**, **mögen** und **möchten** mit anderen Verben verwendet werden, heißen sie **Hilfsverben**.
Ich <u>will</u> das neue Spiel <u>haben</u>.

4 Nennt aus den Sätzen in **1** die zweiteiligen Prädikate.

5 Schreibe Werbeslogans mit verschiedenen Hilfsverben.

S. 135

6 Vergleicht eure Sätze, beschreibt die Wirkung.

7 Schreibt Sätze mit Hilfsverben. Begründet eure Lösung.

Sprache untersuchen | Sprachliche Strukturen untersuchen: verwenden Verben in den verschiede-
nen Zeitformen in angemessener Weise
Grammatisches Prinzip nutzen: nutzen den Satzzusammenhang, um flektier-
bare Wörter richtig zu schreiben | > AH, S. 30 | **53**

Veränderung des Falls bei Artikeln, Nomen und Adjektiven

1 Erzähle.

> Mit dem Roller bist du superschnell!
> Du kannst den Roller leicht transportieren.

> dem Roller ...
> den Roller...
> Ich dachte,
> es heißt **der** Roller?

2 Vergleicht die Sätze. Was fällt euch auf?

> Der runde Keks schmeckt köstlich.
> Die Inhaltsstoffe des runden Kekses sind gesund.
> Ich schenke dir den runden Keks.
> Von dem runden Keks wirst du satt.

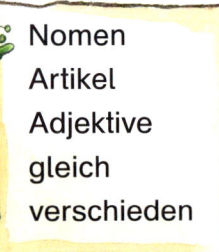

Nomen
Artikel
Adjektive
gleich
verschieden

! Nomen, Artikel und Adjektive können sich im Satz verändern. Sie stehen in verschiedenen Fällen. Den Fall findet man mit Fragen heraus.

1. Fall: Der rote Roller ist neu.	**Wer/Was?**
2. Fall: Die Farbe des roten Rollers ist schön.	**Wessen?**
3. Fall: Dem roten Roller fehlt die Klingel.	**Wem?**
4. Fall: Ich fahre den roten Roller.	**Wen/Was?**

---

3 Schreibe die Sätze auf. Nutze Artikel und das Adjektiv **neu**.
Die Fragewörter helfen dir.

> Heute kommt ▪▪ Werbetexter zu uns.
> Bu hilft ▪▪ Werbetexter.
> Die Kampagne ▪▪ Werbetexters ist perfekt.
> Wir verabschieden ▪▪ Werbetexter.

4 Ein Satz ohne Verwendung von Fällen ist nicht verständlich. Erkläre. △

> Der Vater gibt das Kind die Nachbarin der Kuchen.

Sprachgebrauch und Sprache untersuchen und reflektieren

Sprachliche Strukturen untersuchen: beschreiben die Veränderungen des Falls bei Artikeln, Nomen und Adjektiven, die mit der Verwendung im Satz zusammenhängen, und beachten sie in ihrem eigenen Sprachgebrauch

> AH, S. 31

Satzergänzungen im 3. und 4. Fall erkennen

1 Erkläre. △

Mama kauft.
Paul trägt.
Lisa hilft.
Zu Hause versteckt Paul.

Fehlt da nicht etwas?

2 Finde für die Sätze in **1** passende Satzergänzungen.
Schreibe sie auf. Vergleicht.

> In einem Satz braucht das Prädikat oft Satzergänzungen.
> Das Prädikat bestimmt, ob die Satzergänzung im 3. Fall
> oder im 4. Fall stehen muss.
> Diese Satzglieder werden mit den Fragewörtern
> Wem oder Wen/Was erfragt.
>
> Satzergänzung im 3. Fall   Satzergänzung im 4. Fall
>
> Ich glaube dem Freund.   Ich sehe den Freund.
> Ich glaube der Lehrerin.   Ich sehe die Lehrerin.
>
> Wem glaube ich?   Wen oder Was sehe ich?

Wem

Wen

Was

P

!

3 Schreibe die Sätze ab. Bestimme alle Satzglieder. Denke an die Fragen. △

Die Bäuerin verkauft leckeren Käse.
Sie hilft den Kunden. Der Bauer gibt
dem Kälbchen Milch. Lisa streichelt
eine kleine Katze.

4 Welche Satzergänzung braucht das Prädikat? Bildet Sätze.

essen   folgen   stören   helfen   schieben   antworten

Sprachgebrauch und
Sprache untersuchen
und reflektieren

Sprachliche Strukturen untersuchen: beschreiben die Abhängigkeit der Satzglieder vom Prädikat
Grammatisches Prinzip nutzen: nutzen den Satzzusammenhang, um flektierbare Wörter richtig zu schreiben

> AH, S. 32

55

Satzergänzungen im 3. und 4. Fall verwenden

1 Erzähle.

Heißt es: Er kauft **einen** oder **einem** Kleber?

Da helfen die Fragen zu den Satzergänzungen.

2 **Einen** oder **einem**? Begründe deine Lösung. △

| Fragewörter | Satzglied | Wem? | Wen? | Prädikat |

3 Bestimme die Satzergänzungen. Schreibe so:

Ergänzung im 3. Fall (Wem?) | Ergänzung im 4. Fall (Wen / Was?)
... | ...

einen Jungen ärgern   einem Igel nachlaufen   einen Text schreiben
einen Turm bauen   einem Mädchen gefallen   einem Lehrer danken

4 Lest die Sätze. Findet das richtige Fragewort und nennt den Fall der Satzergänzung.

Mila möchte einen neuen Füller. Sie wünscht sich einen Glitzerfüller.
Sie glaubt einem schönen Werbeplakat. In ihrer Tasche findet sie
nur einen alten Bleistift. Er gehört einem guten Freund.

5 Nur ein Verb passt. Nutze die Fragewörter. △

Die Lehrerin gratuliert/wünscht dem Schüler.
Die Mechanikerin folgt/wechselt den platten Reifen.
Die Säge gehört/findet dem Schreiner.

6 Schreibe Sätze mit den Satzergänzungen aus **3**.

Sprachliche Strukturen untersuchen: beschreiben die Veränderungen des Falls bei Artikeln, Nomen, die mit der Verwendung im Satz zusammenhängen
Grammatisches Prinzip nutzen: nutzen den Satzzusammenhang, um flektierbare Wörter richtig zu schreiben

> AH, S. 33

Wörter nachschlagen

1 Erzähle.

2 Schlage die Wörter nach und schreibe sie auf.
Schreibe so: Delfin S. 143, ...

3 Finde die Wörter in der 1. Vergangenheit in der Wörterliste.
Schreibe so: frieren — er fror, ...

| frieren | essen | leihen | nehmen | tragen | springen | lesen |

4 In jedem Wort ist ein Fehler.
Nutze die Wörterliste oder digitale Medien.

> Erst das Wort zerlegen und dann den Fehler suchen.

S. 134

die Werbecampagne   die Produktpräsentazion
die Intanetsuche   das Seulendiagramm
das Schleppnez   der Meeresbewoner

5 Wie bist du vorgegangen? Erkläre. △

6 Schreibe mit den Wörtern aus **4** Sätze.

7 Vergleiche das Nachschlagen in Wörterbüchern und
in digitalen Medien. Welche Unterschiede stellst du fest?

| nicht | man | nichts | bis | ob |

Sprache untersuchen
Suchen und Verarbeiten

Über Lernen sprechen: beschreiben mittels bekannter Formulierungen im
Austausch mit anderen einzelne Schritte beim Lernen und Problemlösen
Richtig schreiben: überarbeiten eigene Texte mithilfe eines Wörterbuches
oder mit der Rechtschreibhilfe eines Computers

Medienbildung, S. 134   **57**

1 Lies den Text. Schreibe die markierten Wörter auf Kärtchen.

Himmlische Mandarinen

Leons Mutter hat bereits einige Obstsorten in ihrer Einkaufstasche .
Jetzt will sie noch Mandarinen kaufen. Sie schaut sehr genau,
denn sie sollen vor allem wunderbar süß sein. In den Kisten
liegen drei verschiedene Sorten. Auf jedem Schild gelobt
5 der Händler ganz besondere Süße. Alle sollen außerdem
kernlos und himmlisch saftig sein. Fröhlich fragt
sie sich, was wohl Himmel und Saft verbindet.
Schließlich kauft sie drei Stück
von jeder Sorte . Nun geht sie mit
10 ihrer gefüllten Tasche nach Hause.
Leon öffnet die Tür und nimmt ihr die Einkäufe ab.

S. 136 **2** Untersucht eure Wörter und führt ein Rechtschreibgespräch.

| sehen | hören | sprechen | verlängern |

| ableiten | ich kann es nicht erklären | merken |

3 Berichtet über eure Ergebnisse.

4 Wie ist euch das Rechtschreibgespräch gelungen?

5 Schreibe aus **1** die Wörter mit Wortbausteinen ig und ver auf.

6 Findet weitere Wörter mit Aufpassstellen im Text in **1** .

S. 138 **7** Übe deine schwierigen Wörter.

8 Schreibe den Text aus **1** als

Abschreibtext Schleichdiktat Partnerdiktat.

Richtig schreiben: trainieren Rechtschreibung entsprechend eigener Lernbedürfnisse mit einem erweiterten Übungswortschatz
Über Lernen sprechen: führen Lerngespräche, in denen sie ihre Lernstrategien beschreiben, über Arbeitsergebnisse und Lösungswege sprechen

> AH, S. 34
> Rechtschreibgespräch, S. 136
> Wörter üben, S. 138–142

1 Wo kannst du Werbung finden?

2 Wie ist ein gutes Werbeplakat aufgebaut?

3 Finde die Fälle in den Sätzen mithilfe der Fragen heraus.

> Heute Morgen kam der Junge zu spät.
> Der Wecker des Jungen war kaputt.
> Seine Mutter weckt den Jungen sonst immer.
> Papa kauft dem Jungen einen neuen Wecker.

4 Schreibe die Sätze ab. Bestimme alle Satzglieder.

> Am Morgen sucht Julia die Neuigkeiten im Lokalteil.
> Danach gibt Julia die Zeitung ihrem kleinen Bruder.

5 Schreibe diesen Satz mit unterschiedlichen Hilfsverben auf.

> Ich räume im Badezimmer auf.

6 Finde in jedem Satz den Fehler. Schreibe die Sätze richtig auf.

> Es kann ein richtiges erlebnis sein, in Zeitschriften
> zu schmökern. Durch das Hochglanzpapier sind
> sie gut Lesbar. In Zeitschriften findet man auch
> viel werbung. Die Bilder sind oft Eindrucksvoll.
> Zeitschriften für Kinder erfreuen sich großer beliebtheit.
> Viele mögen die tollen Retselseiten.

7 Prüfe deine Ziele aus dem letzten Kapitel.
Was hast du schon erreicht? Wo brauchst du noch Hilfe?
Welches Ziel möchtest du nun verfolgen?
Wie kann das gelingen?

S. 127

Einen Vortrag gestalten

1 Erzähle.

2 Wem würdet ihr gern zuhören? Begründet.

3 Welche Tipps gibst du den Kindern aus **1**?

4 Lies das Gedicht.

Das Lesen, Kinder, macht Vergnügen,
Vorausgesetzt, dass man es kann.
In Straßenbahnen und in Zügen
Und auch zu Haus liest jedermann.
Wer lesen kann und Bücher hat,
Ist nie allein in Land und Stadt.
Ein Buch, das uns gefällt,
Hilft weiter durch die Welt.

James Krüss

5 Übe einen Gedichtvortrag.
Beachte eure Tipps aus **3**.

6 Gebt euch Rückmeldung. Beachtet die Aufträge.

| Gestik / Mimik | Stimme | Körperhaltung |

Verstehend zuhören: beschreiben, wie die stimmliche und gestische Gestaltung von Sprache das Verstehen unterstützt und nutzen diese Einsichten bei der Gestaltung eigener Gesprächsbeiträge
Zu anderen sprechen: erbitten und geben wertschätzende Rückmeldung

Bücher vorstellen

1 Lies die Checkliste für eine Buchvorstellung. Erzähle.

Checkliste: Buchvorstellung

- Autorin / Autor
- Titel (bei mehreren Bänden auch: Titel der Reihe)
- Seitenanzahl
- Verlag, Preis
- Art (Sachbuch, Abenteuergeschichte, Freundschaftsgeschichte, Krimi …)
- Für wen ist das Buch geeignet?
- Thema: Worum geht es?

- Hauptpersonen: Um wen geht es?
- Inhalt: kurze Zusammenfassung
- Deine Lieblingsstelle: Lies sie laut vor.
- Deine Meinung:
  - Was hat dir an dem Buch gefallen?
  - Was hat dir an dem Buch nicht gefallen?
  - Warum hast du das Buch ausgewählt?
  - Würdest du das Buch weiterempfehlen? Warum?

---

2 Wähle ein Buch.
Schreibe mithilfe der Checkliste einen Lern-Spickzettel.

S. 133

3 Du möchtest dein Buch vorstellen. Was musst du beachten? △

4 Übe deine Buchvorstellung mit einem Partnerkind.
Nutze deinen Lern-Spickzettel aus **2**.
Dein Partnerkind kontrolliert mit der Checkliste aus **1**.

5 Stellt euch eure Bücher in der Klasse vor.
Verteilt die Punkte der Checkliste als Höraufträge.
Gebt euch Rückmeldung.

Autor, Titel, Verlag 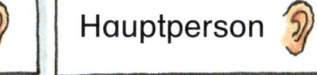	Hauptperson	eigene Meinung

Ich möchte heute das Hörbuch **Rico, Oskar und die Tieferschatten** vorstellen.

6 Wie unterscheiden sich Hörbuch und Buch?

S. 134

7 Lisa will ein Hörbuch vorstellen. Was muss sie beachten? △

8 Was gefällt dir besser, ein Hörbuch oder ein Buch? Begründe.

Sprechen und Zuhören

 *Suchen und Verarbeiten*

Zu anderen sprechen: strukturieren ihren Vortrag durch sinnvolle Pausen, atmen bewusst und nehmen eine lockere Körperhaltung ein | bereiten sich je nach Sprechabsicht gezielt vor, indem sie sich Notizen machen, die Vortragssituation üben und Rückmeldungen beachten

> Vortrag, S. 133
> Lern-Spickzettel, S. 133
> Medienbildung, S. 134

61

Sich einen Sachtext erschließen

1 Lies den Text.

So entsteht KARIBU

In Deutschland gibt es viele verschiedene Verlage.
Manche haben sich auf Schulbücher spezialisiert.
Auch KARIBU wird in einem Verlag hergestellt.
Viele Mitarbeiter sind an unterschiedlichen Arbeitsplätzen
5 an der Herstellung beteiligt. In der Redaktion betreut
eine Redakteurin KARIBU. Sie organisiert und leitet
Treffen mit den Autoren und Autorinnen. Sie bearbeitet
die erstellten Manuskripte.

Die Autorinnen von KARIBU arbeiten im Team. Sie teilen
10 sich die Arbeit an den Kapiteln. Die Manuskripte werden
zu Hause erarbeitet und bei den Treffen im Team
gemeinsam besprochen.

Eine Illustratorin hat sich die Figuren Kari und Bu ausgedacht.
Sie zeichnet Bilder, die zu den Texten passen müssen.

15 Ein Setzer/Eine Setzerin erhält dann Texte und Bilder, fügt sie
zusammen und gestaltet die Buchseiten. Dabei werden
verschiedene Schriftarten und Schriftgrößen verwendet.

In der Druckerei wird KARIBU gedruckt. Immer 16 Seiten
passen auf einen großen Bogen Papier. Die Bögen werden
20 gefaltet, geheftet oder geklebt. Dann wird der Buchblock
aufgeschnitten und das Buch erhält einen Umschlag.
So kann es dann am Ende verkauft werden.

S. 134

2 Schreibe alle Wörter auf, die du nicht verstehst.
Recherchiere eine passende Erklärung und schreibe sie dazu.

3 Erkläre diese Fachwörter mithilfe des Textes aus **1**.

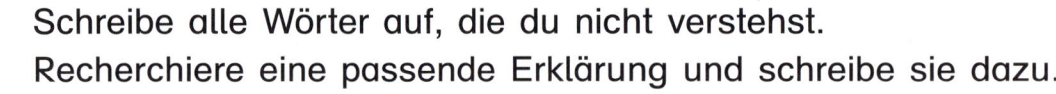

Manuskript   Redakteur / Redakteurin

4 Schreibe W-Fragen zum Text auf.
Lass sie von einem Partnerkind
beantworten.

Wann   Wie   Wo   Wer   Warum   Wohin   Womit   Weshalb   Was

62   Sprechen und Zuhören
Suchen und Verarbeiten   Verstehend zuhören: wenden in Zuhör- und Gesprächssituationen ihre Aufmerksamkeit bewusst auf das Gesagte | nutzen Rückmeldungen gezielt zur Erweiterung ihres Wortschatzes und ihrer Verstehensmöglichkeiten
Texte planen und schreiben: nutzen Schreiben zum Erschließen von Texten   > Medienbildung, S. 134

Informationen verarbeiten

1 Eine Illustratorin stellt sich in der Klasse 4c vor. Erzähle.

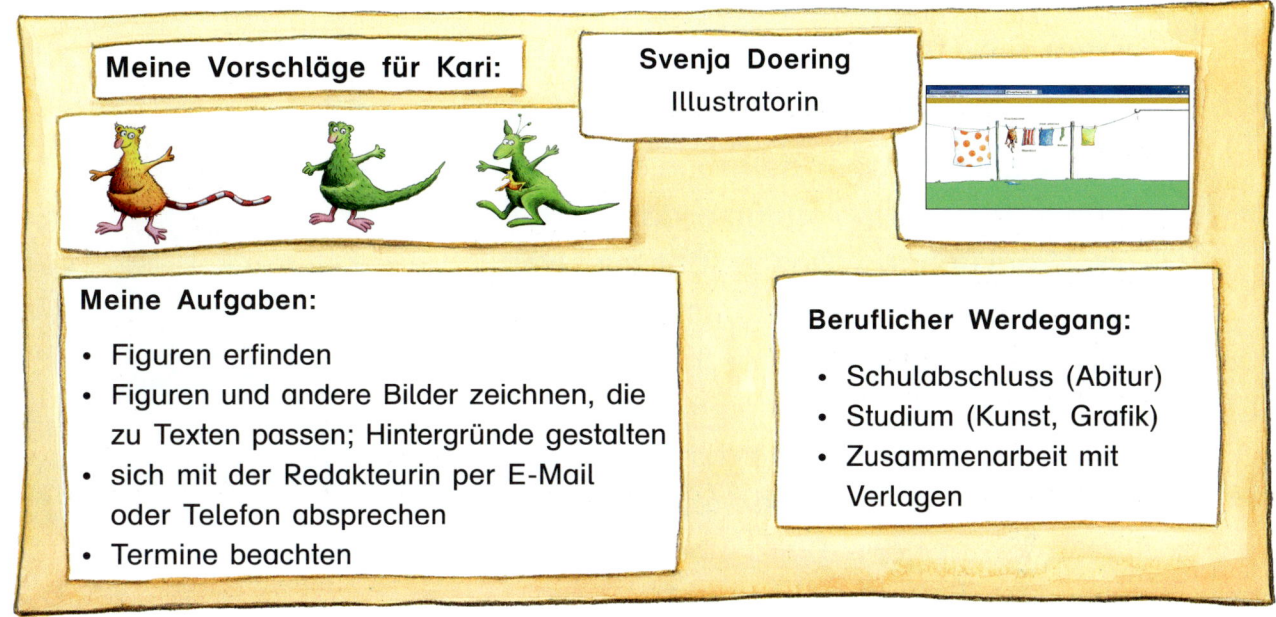

Meine Vorschläge für Kari:

Svenja Doering
Illustratorin

Meine Aufgaben:

- Figuren erfinden
- Figuren und andere Bilder zeichnen, die zu Texten passen; Hintergründe gestalten
- sich mit der Redakteurin per E-Mail oder Telefon absprechen
- Termine beachten

Beruflicher Werdegang:

- Schulabschluss (Abitur)
- Studium (Kunst, Grafik)
- Zusammenarbeit mit Verlagen

2 Für die Homepage seiner Schule hat Tim Frau Doering interviewt. Lies ihre Antworten.

> Ich habe schon immer gern gezeichnet und gelesen.

> Ich arbeite zu Hause in einem Arbeitszimmer. Der Raum ist sehr hell.

> Besonders mag ich an meiner Arbeit, dass ich Bilderbücher illustrieren kann. Ich arbeite gern für Kinder.

3 Welche Fragen könnte Tim Frau Doering gestellt haben?

Was?   Wo?   Wie?   Warum?   ...

> Bei der ersten Antwort könnte Tim gefragt haben: „Warum wollten Sie Illustratorin werden?"

S. 134

4 Informiere dich über deinen Traumberuf.

Was macht man?   Mit wem arbeitet man?   Arbeitszeit?   Arbeitskleidung?

5 Gestalte ein Plakat zu deinem Traumberuf. Stelle es vor.

S. 133

Sprechen und Zuhören

 *Suchen und Verarbeiten*

Verstehend zuhören: bekunden ihr Verstehen, indem sie Gehörtes in eigenen Worten zusammenfassen, Kerngedanken wiedergeben, Textinhalte visualisieren | Gespräche führen: beteiligen sich verständlich und zuhörerbezogen an Gesprächen

> Medienbildung, S. 134
> Plakat, S. 133

63

Einen argumentierenden Text planen und schreiben

1 Lies den Text.

Mein Traumberuf

Ich möchte gerne Krankenpfleger werden.
Als Krankenpfleger helfe ich kranken Menschen,
pflege sie und unterstütze das Ärzteteam
im Krankenhaus. Das gefällt mir, weil ich
gern mit Menschen arbeite und ihnen helfe.
5 Die Arbeit ist anstrengend, denn man
muss auch nachts arbeiten und viel laufen
und heben. Oft ist es traurig, weil Menschen
schwer krank sind und vielleicht sterben.
Ich kann mir den Beruf aber gut für mich vorstellen,
10 denn ich bin ein fröhlicher Mensch.

2 Untersuche den Aufbau des Textes aus **1**.

| Einstieg | Grund dafür | Grund dagegen | eigenes Ergebnis |

3 Sammle Gründe für und gegen deinen Traumberuf.
Begründe deine Meinung. Schreibe so:

Mein Traumberuf: ...
Gründe dafür | Gründe dagegen

> Ich bin Pilot geworden, weil ich viele Länder bereisen möchte.

S. 128 **4** Stellt euch eure Gründe für und gegen
euren Traumberuf vor.
Nutze die Bindewörter **weil**, **da** und **denn**.

5 Welche Gründe waren überzeugend?
Warum? Gebt euch Rückmeldung.

S. 129 **6** Schreibe einen Text wie in **1** zu deinem Traumberuf.
Nutze deine Gründe aus **3**. Finde eine gute Reihenfolge.

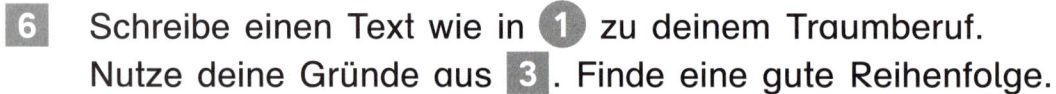

Texte planen und schreiben: sammeln und ordnen Gründe und Beispiele zu einer Position, die sie vertreten | nutzen beim Schreiben eigener argumentierender Texte entsprechende Textvorbilder: Darlegung des eigenen Standpunktes mit Informationen, Gründen und Beispielen

> AH, S. 36
> Schreibplan, S. 128
> Argumentation, S. 129

Einen argumentierenden Text überarbeiten T A K

1 Lies Maltes Text.

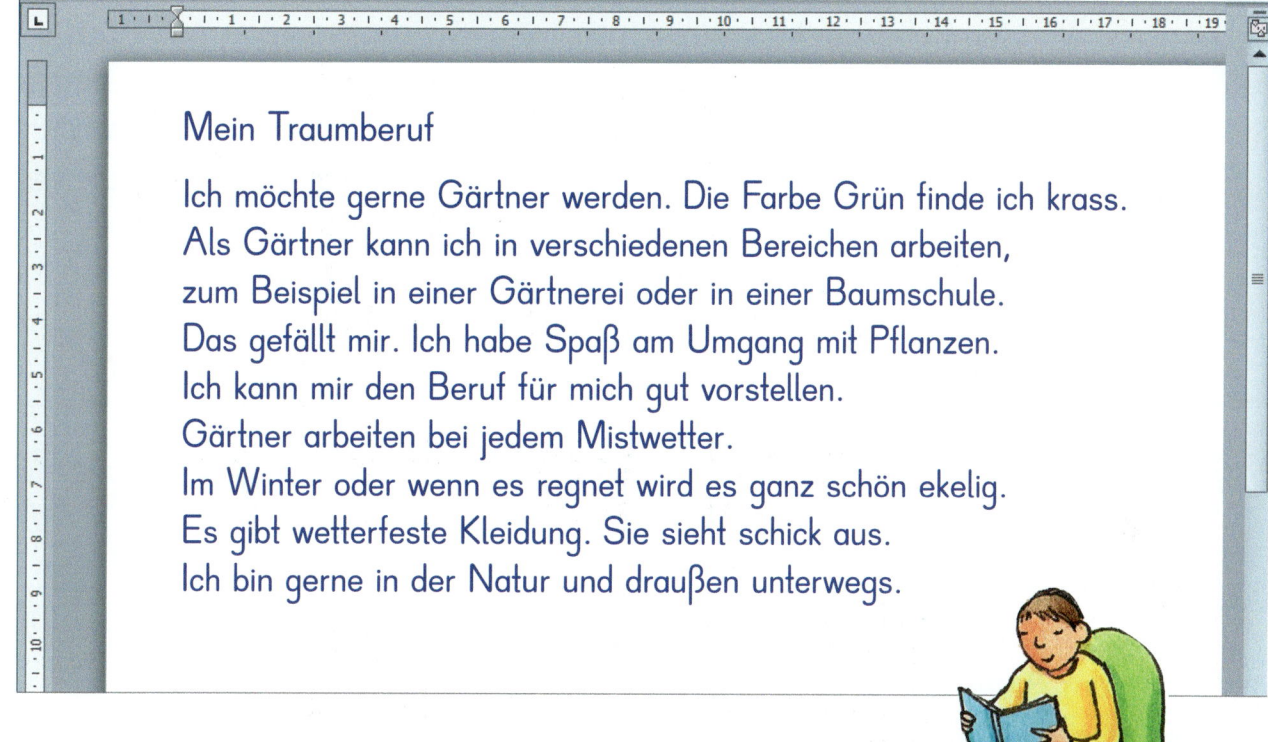

Mein Traumberuf

Ich möchte gerne Gärtner werden. Die Farbe Grün finde ich krass.
Als Gärtner kann ich in verschiedenen Bereichen arbeiten,
zum Beispiel in einer Gärtnerei oder in einer Baumschule.
Das gefällt mir. Ich habe Spaß am Umgang mit Pflanzen.
Ich kann mir den Beruf für mich gut vorstellen.
Gärtner arbeiten bei jedem Mistwetter.
Im Winter oder wenn es regnet wird es ganz schön ekelig.
Es gibt wetterfeste Kleidung. Sie sieht schick aus.
Ich bin gerne in der Natur und draußen unterwegs.

2 Was fällt dir auf? Erkläre. △   S. 131

Aufbau   Bindewörter   Ausdruck

3 Überarbeitet den Text aus ①
in einer Schreibkonferenz.

> Ein überzeugendes Argument
> gibt einen Grund an:
> Mir gefällt der Beruf,
> weil…

4 Schreibe die überarbeitete Argumentation
ordentlich auf.

5 Präsentiere die überarbeitete Argumentation.
Sind die Argumente überzeugend?
Gebt euch Rückmeldung.

6 Überarbeitet eure Argumentation von Seite 64
in einer Schreibkonferenz.

Sätze mit Bindewörtern verknüpfen

1 Lies und vergleiche die Texte. △

> Emma möchte gerne Biologin werden. Helena möchte Biologin werden. Die beiden Mädchen informieren sich. Sie können ein Plakat gestalten. Emma und Helena arbeiten gerne zusammen. Sie sind schon lange Freundinnen.

> Emma und Helena möchten Biologinnen werden. Die beiden Mädchen informieren sich, damit sie ein Plakat gestalten können. Emma und Helena arbeiten gerne zusammen, weil sie schon lange Freundinnen sind.

2 Warum nutzt man Bindewörter? △

! Die Wörter **weil**, **damit**, **obwohl**, **denn** gehören zu den Bindewörtern. Mit ihnen kann man Sätze verbinden.
Vor dem Bindewort steht oft ein Komma.
Sie arbeiten gerne zusammen, **weil** sie Freundinnen sind.

3 Lies diesen Satz. Was fällt dir auf? Erkläre. △

> Emma freut sich auf die Partnerarbeit, obwohl sie Helena mag.

4 Welches Bindewort passt? Erklärt.

> Emma und Helena treffen sich am Samstag, **obwohl/weil** sie da mehr Zeit haben. Helena bringt Druckerpapier und Kleber mit, **obwohl/damit** sie ihre Texte und Bilder aufkleben können. Sie sitzen am Computer, **obwohl/weil** Emma ein Tablet hat. Aber sie können dort besser arbeiten, **obwohl/weil** der Bildschirm größer ist und sie einen Drucker haben.

5 Schreibe mit diesen Bindewörtern Sätze.

weil   obwohl   damit   während   nachdem   wenn

Sprachliche Strukturen untersuchen: verknüpfen Sätze sinnvoll mit geläufigen Bindewörtern, um sich beim Sprechen und Schreiben genau auszudrücken

> AH, S. 37

Sätze sinnvoll verknüpfen

1 Vergleicht die Sätze. Was fällt euch auf?

Achte auf die Verben.

> Martin muss den Bleistift spitzen. Er ist stumpf.
> Martin muss den Bleistift spitzen, wenn er stumpf ist.

> Marie freut sich. Sie spielt morgen Fußball.
> Marie freut sich, weil sie morgen Fußball spielt.

2 Was hast du herausgefunden? Erkläre. △

Verb	Stellung im Satz	Bindewörter

3 Verbinde diese Sätze mit den Bindewörtern **wenn**, **denn** oder **aber**. Setze ein Komma. Vergleicht.

> Ich melde mich. Ich möchte etwas sagen.

> Ich muss das Wort nachschlagen. Ich kenne es nicht.

> Ich habe Hunger. Ich warte bis zur Pause.

4 Schreibe den Text ab. Setze das Komma und ein Bindewort ein.

wenn   denn   weil   als

> Ich schaue in die Fundkiste ▬ meine Trinkflasche verschwunden ist. Mama nennt mich chaotisch ▬ ich verliere immer etwas. Sie will mir keine mehr kaufen ▬ ich sie nicht mehr finde. Zu Hause entdecke ich meine Flasche wieder ▬ ich in meine Sporttasche schaue.

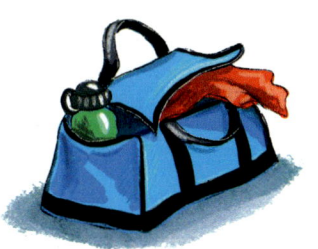

5 Schreibe mit Bindewörtern aus **4** jeweils einen Satz.

das und *dass* richtig verwenden

1 Beschreibe.

Ich glaube, ▪️ morgen die Sonne scheint.
Es ist schön, ▪️ wir draußen sein können.
Ich denke, ▪️ wir viel Spaß haben werden.

2 Schreibe die Sätze mit einem passenden Bindewort auf.
Vergleicht eure Sätze.

Das Wort **dass** ist auch ein Bindewort. Oft steht davor,
was jemand glaubt, fühlt, denkt oder wie jemand etwas findet.
Ich finde, dass meine Hose .... Ich denke, dass ...

3 Schreibe Sätze mit diesen Anfängen.

| Ich glaube, dass … | Ich finde lustig, dass … | Ich träume, dass … |

4 Lest die Sätze. Was fällt euch auf?

Das Haus, **das** neu gebaut wird, gefällt mir gut.
Das Werkzeug, **das** man dafür braucht, heißt Drehmomentschlüssel.

5 Was hast du herausgefunden? Erkläre. △

| Nomen | **das** bezieht sich auf | eingeschoben |

6 Schreibe Sätze mit diesen Anfängen.

Das Mädchen, das ...   Das Auto, das ...

Sprachliche Strukturen untersuchen: verknüpfen Sätze sinnvoll, um sich beim
Sprechen und Schreiben genau auszudrücken

> AH, S. 38

Wortfamilien nutzen

1 Erkläre das Problem.

> Ich möchte später den Beruf meiner Mutter haben.

> Das ist ein schwieriges Wort. Lass es uns gemeinsam überprüfen.

Beckereifachferkeuferin

2 Löse das Problem. Wie gehst du vor?
Schreibe deine Überlegungen auf. △

| zerlegen | Wortbaustein | Wortstamm | verwandte Wörter | ableiten |

3 Findet zu jedem Wort ein verwandtes Wort aus der Wortfamilie,
um die Schreibung des markierten Lautes zu erklären.

Änderungsschneider   Landschaftsgärtner   Oberflächenbeschichterin
Rechtsanwältin   Gefängnisaufseherin   Ernährungsberater

4 Schreibt die Berufe richtig auf. Vergleicht.

Zoow⬛rter   Sch⬛dlingsbek⬛mpfer   Augen⬛rzte   Autoverk⬛ferin

5 Finde den Fehler in jedem Satz. Schreibe den Text richtig auf. △

Ich möchte gerne Revierjegerin werden. Sie erhelt
die artenreiche und gesunde Tierwelt. Auch über-
wacht sie die Wildbestende in der Natur und im
Wald. Ich gestalte dann auch die Lebensreume von
Wildtieren. Man kann diesen Beruf bei Naturschutz-
verbenden lernen. Er zehlt zu den grünen Berufen,
die sich mit Pflanzen und Tieren beschäftigen.

Sprachgebrauch und
Sprache untersuchen
und reflektieren

Morphologisches Prinzip nutzen: übertragen die Schreibweise von Wortstäm-
men auf verwandte Wörter
Sprachliche Strukturen untersuchen: bilden Wortfamilien und beschreiben
Auffälligkeiten, auch hinsichtlich einer Änderung des Stammvokals

> AH, S. 39

69

Besondere Wörter mit Dehnungs-h schreiben

1 Erzähle.

2 Schreibe nur die Wörter mit Dehnungs-**h** auf.
Vergleicht und begründet.

dreht	seht
ehrlich	die Nahrung
sehr	ernähren
froh	die Wohnung
wohl	zieht
gehst	die Ernährung
ihr	die Einwohner

Das Wort **drehen** hat ein hörbares **h**.

Das Wort **wohl** hat ein Dehnungs-**h**.

3 Schreibe den Text ab. Setze richtig ein: **im**, **ihm**, **in** oder **ihn**. △

Der Eisbär lebt ▨ Meer und auf dem Eis. Robben werden von ▨ gejagt. Leider gibt es ▨ der Arktis aber immer weniger Eis. Das ist für den Eisbären gefährlich. Für ▨ gibt es dann immer weniger Nahrung. Er könnte ▨ der Zukunft aussterben, weil ▨ die Hauptnahrungsquelle fehlt. Wenn wir ▨ retten wollen, müssen wir die Umwelt schützen.

erzählen   fahren   wahr   zehn

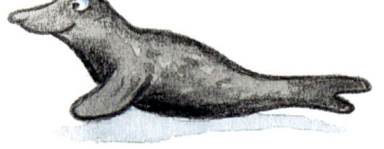

Sprachgebrauch und Sprache untersuchen und reflektieren

Richtig schreiben: schreiben häufig gebrauchte Wörter mit nicht-regelhaften Rechtschreibbesonderheiten richtig | zeigen Rechtschreibbewusstsein bei eigenen Aufzeichnungen, indem sie selbstständig auf Richtigschreibung achten

> AH, S. 40

Wörter mit ie und i schreiben

1 Erzähle.

> Woher weißt du, dass **verliert** mit **ie** und nicht mit **i** geschrieben wird?

> Ich verlängere das Wort: **verliert** – **verlie-ren**, also **ie**.

> Bei **ver-lie-ren** ist die Silbe **lie** offen.

> Mir hilft es, wenn ich genau hinhöre. Das **i** spreche ich in **verliert** lang.

2 **ie** oder **i**? Begründe die Schreibweise. △

| tr___nkt | z___lt | T___r | Beisp___l | Untersch___d |
| W___nd | bl___nkt | Br___f | Zeitschr___ft | Schw___mmbad |

3 Ordne die Wörter aus **2**. Klingt das **i** lang und klar oder kurz und dunkel? Schreibe so: langes / klares i: ...   kurzes / dunkles i: ...

4 **ie** oder **i**? Lest den Text. Schreibt ihn richtig auf. Überprüft durch deutliches Sprechen oder verlängert.

> Produktionsf___rmen von F___lmen wollen so v___l wie möglich verd___nen. Deshalb b___ten sie zusätzliche Produkte an. Mancher Kinofilm erz___lt mit den Erlösen der Produkte mehr Gew___nn, als der Film einsp___lt.

5 Bei welchen Lückenwörtern aus **4** hilft das Sprechen in Silben? △

6 Finde in jedem Satz den Fehler. Schreibe die Sätze richtig auf. △

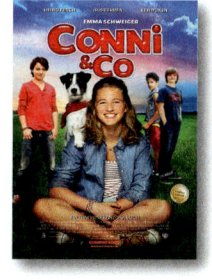

> Für Conni fängt die sibte Klasse ziemlich schlecht an. Die alte Schule musste schlißen. Ihr Freund Paul ziht mit anderen Jungen herum. Aber dann läuft ihr ein pfieffiger kleiner Hund zu. Er gehört allerdings dem fisen Rektor Möller. Conni wiell ihn verstecken.

Sprachgebrauch und Sprache untersuchen und reflektieren

Phonologisches und silbisches Prinzip nutzen: nutzen Silben und Klang-unterschiede der Vokale, um sich Schreibungen zu erschließen (<ie> als regelhafte Schreibungen)

> AH, S. 41

71

1 Lies den Text. Schreibe die markierten Wörter auf Kärtchen.

Berufswünsche

Die Klasse 4b hält ihre Vorträge. Tina erzählt , dass sie gerne
Ernährungsberaterin werden möchte . Sie hat schon
viele Rezepte ausprobiert . Tina verhilft dann Leuten dazu,
ihre Ziele zu erreichen und gesünder zu leben.

5 Oskar möchte Oberflächenbeschichter werden.
Er träumt davon, alten Autos ein
besseres Aussehen zu geben. Dafür möchte er
später einen alten Bauernhof mieten, um genug
Platz zu haben. Vielleicht findet er ja auch

10 einen Verkäufer. Leon findet den Beruf
des Schneiders interessant. In seiner Vorstellung
entwirft und näht er schon neue Kleider.
Manche kommen später nur zu ihm,
um Kleidungsstücke ändern zu lassen,

15 weil etwas zu eng oder zu groß ist.

S. 136 **2** Untersucht eure Wörter und führt ein Rechtschreibgespräch.

3 Berichtet über eure Ergebnisse.

4 Wie ist euch das Rechtschreibgespräch gelungen?

5 Schreibe aus **1** die Wörter mit Wortbausteinen vor , aus und ver auf.

6 Findet weitere Wörter mit Aufpassstellen im Text in **1** .

S. 138 **7** Übe deine schwierigen Wörter.

8 Schreibe den Text aus **1** als

Abschreibtext Schleichdiktat Partnerdiktat.

Richtig schreiben: trainieren Rechtschreibung entsprechend eigener Lernbedürfnisse mit einem erweiterten Übungswortschatz
Über Lernen sprechen: führen Lerngespräche, in denen sie ihre Lernstrategien beschreiben, über Arbeitsergebnisse und Lösungswege sprechen

> AH, S. 42
> Rechtschreibgespräch, S. 136
> Wörter üben, S. 138–142

1 Woran erkennst du eine gute Buchvorstellung?

2 Was musst du für eine Buchvorstellung vorbereiten?

3 Erkläre, was ein Illustrator/eine Illustratorin macht.

4 Wie planst du eine Argumentation?

5 Schreibe Sätze mit den Bindewörtern auf.

obwohl   denn   während   weil

6 Schreibe die Sätze weiter.

Das Müsli, das …   Ich glaube, dass …   Das Eichhörnchen, das …

7 **das** oder **dass**? Schreibe den Text ab und setze passend ein.

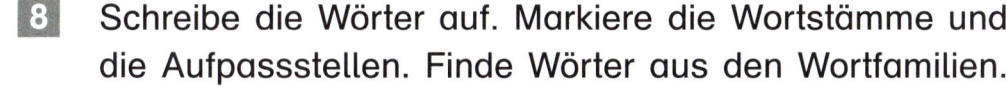

Ich möchte morgen das Buch, ▬ ich am liebsten lese, meiner Klasse vorstellen. Vorhin habe ich überlegt, ▬ ich mir für den Vortrag einen Lern-Spickzettel schreibe. Oma hat mir verraten, ▬ sie sich früher immer so vorbereitet hat. Sie sagte: „Das Wort, ▬ ich schon geschrieben habe, vergesse ich nicht."

8 Schreibe die Wörter auf. Markiere die Wortstämme und die Aufpassstellen. Finde Wörter aus den Wortfamilien.

ändern   weggeräumt   Oberfläche   Ernährung

9 Prüfe deine Ziele aus dem letzten Kapitel.
Was hast du schon erreicht? Wo brauchst du noch Hilfe?
Welches Ziel möchtest du nun verfolgen?
Wie kann das gelingen?

S. 127

Schriften und Sprachen untersuchen

1 Erzähle und vergleiche.

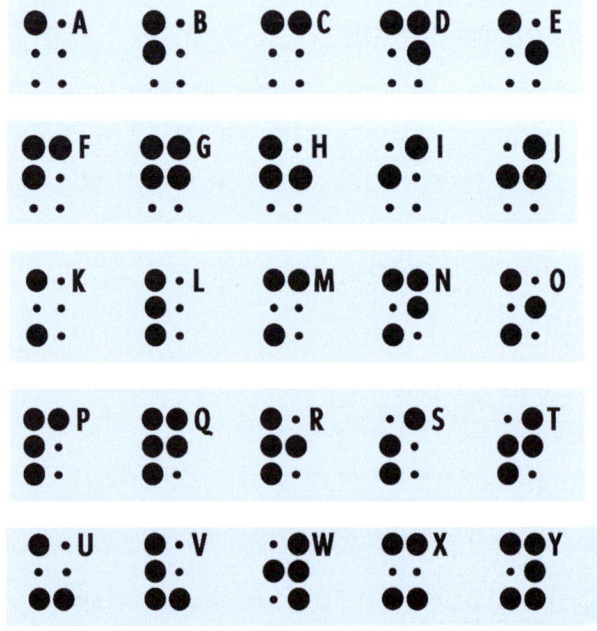

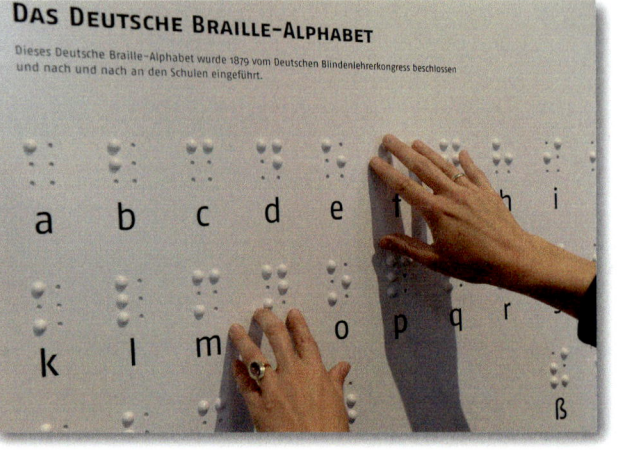

> Die Blindenschrift besteht aus fühlbaren Punkten.

2 Erklärt euch, wie die Blindenschrift funktioniert.

3 Schreibe eigene Wörter in Blindenschrift. Entschlüsselt sie.

4 Lies und vergleiche. Suche nach Gemeinsamkeiten und Unterschieden.

deutsch	französisch		hochdeutsch	fränkisch
Balkon	balcon		ein wenig	a wenng
Theater	théâtre		alleine	allaans
Melone	melon		Plätzchen	Bledzla
Telefon	téléphone		Mädchen	Maadla

5 Wovon hängt es ab, ob wir Dialekt oder Hochsprache sprechen?

6 Lies diese Wörter.
Woran kann man ein Fremdwort erkennen?

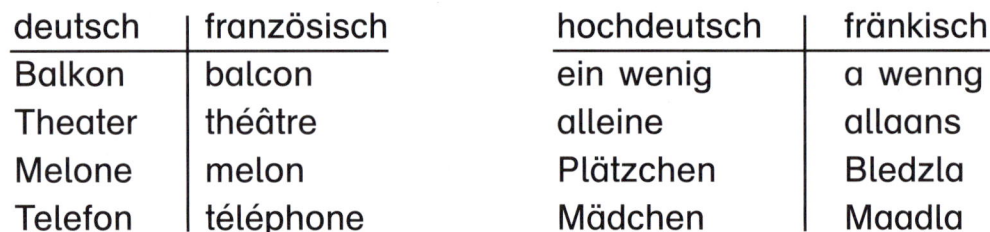

Garage   Burger   Addition   Baby   Sandwich   Couch

Zu anderen sprechen: setzen ihre Sprechabsichten in der Standard- und Bildungssprache um | Gemeinsamkeiten und Unterschiede von Sprache entdecken: beschreiben Gemeinsamkeiten und Unterschiede von Sprachen und Schriftsystemen und nutzen ihre Einsichten für ihre Sprachbewusstheit

Bildzeichen und Piktogramme entschlüsseln

1 Lies den Text. Erzähle.

> Die ersten Schriften, mit denen Menschen sich verständigen konnten,
> waren Bilderschriften. Sie entstanden vor 5000 Jahren überall auf der Welt.
> Eine der ältesten Schriften ist die **Keilschrift**. Sie wurde mit einem keilförmigen
> Griffel in weichen Ton geritzt. Im alten Ägypten meißelte man **Hieroglyphen**
> in Stein. Die Indianer malten ihre **indianischen Schriftzeichen** auf Tierhaut.
> Auch wir verwenden heute noch Bildzeichen, sogenannte **Piktogramme**.

2 Ordne die Bildzeichen den Schriften im Text aus **1** zu. △

3 Erfindet Bildzeichen. Worauf habt ihr beim Zeichnen geachtet?

| Wald | Gebirge | Vogel | Fisch | Sonne | Regen | Nacht |

4 Was bedeuten diese Piktogramme?

> Ein Piktogramm ist ein Bild
> mit einer Information, die
> jeder sofort verstehen soll.

5 Vergleiche. Warum benutzen wir Piktogramme?

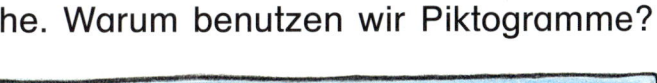

> **Bitte merken Sie sich das:**
> In diesem Raum dürfen Sie nicht fotografieren.
> Im nächsten Raum ist das Fotografieren nur
> ohne Blitzlicht gestattet. Im Raum danach
> ist das Fotografieren wieder verboten.

6 Sammelt weitere Piktogramme und ihre Bedeutungen.

S. 134

Sprechen und Zuhören
Sprache untersuchen
Suchen und Verarbeiten

Über Lernen sprechen: beschreiben im Austausch mit anderen einzelne
Schritte beim Lernen und Problemlösen | Gemeinsamkeiten und Unterschie-
de von Sprache entdecken: beschreiben Schriftsysteme im eigenen Umfeld
und nutzen ihre Einsichten zur Erweiterung ihrer Sprachbewusstheit

> Medienbildung, S. 134

75

Gespräche führen

1 Sieh dir das Bild an. Erzähle.

2 Lies die Fragen
und beantworte sie. △

- Wie wichtig ist dir Schule?
- Was könntest du nicht,
  wenn du nicht lesen
  und schreiben könntest?

3 Lies die Geschichte von Maya.

Ich heiße Maya und bin 10 Jahre alt. Meine Familie und ich
wohnen in Bhopal in Indien. Da meine Eltern nicht viel Geld haben,
leben wir in einer kleinen Hütte zusammen mit meinen Großeltern.
Ich habe noch zwei ältere Brüder und eine kleine Schwester.
Meine Schwester und ich helfen schon viel im Haushalt mit.
Wir kümmern uns um die Wäsche und helfen meiner Großmutter
beim Kochen. Am liebsten mag ich Dal, das ist ein Linsengericht
mit Zwiebeln und Tomaten.

Meine Brüder dürfen zur Schule gehen. Das ist etwas Besonderes,
weil viele Kinder in Indien schon früh arbeiten müssen,
damit alle in der Familie etwas zu essen bekommen.
Ich würde auch gern in die Schule gehen und etwas lernen.

4 Warum möchte Maya gern zur Schule gehen? △

S. 125 **5** Was denkst du, warum es so wichtig ist,
dass alle Kinder zur Schule gehen können? Diskutiert.
Beachtet die Gesprächsregeln.

6 Wie ist die Diskussion gelungen?
Was gelingt dir gut? Was kannst du verbessern?

| Zu anderen sprechen: bauen ihre Beiträge wirkungsvoll, nachvollziehbar und
logisch auf
Gespräche führen: achten auf eine wertschätzende Gesprächsatmosphäre | > Gesprächsregeln, S. 125

Sach- und Gebrauchstexte verstehen

1 Lies die Texte.

In vielen Ländern sind Menschen sehr arm. Ihre Kinder müssen mitarbeiten, um den Lebensunterhalt der Familie zu verdienen. Sie arbeiten als Schuhputzer oder auf Baustellen. Manche weben Teppiche. Andere falten und kleben 10 Stunden am Tag Tüten aus Altpapier. Jeder muss 1000 Tüten am Tag schaffen. Das sind 100 Tüten in der Stunde. Diese Kinder besuchen keine Schule. Ohne Schulbildung können sie aber keinen besser bezahlten Beruf erlernen. Später werden ihre Kinder auch wieder 10 Stunden am Tag mithelfen müssen, um die Familie zu ernähren.

Das Kinderhilfswerk der Vereinten Nationen (UNICEF) fasst die Rechte der Kinder wie folgt zusammen: Jedes Kind hat das Recht auf

- Gleichheit
- Gesundheit
- Bildung
- Spiel und Freizeit
- freie Meinungsäußerung und Beteiligung
- gewaltfreie Erziehung
- Schutz im Krieg und auf der Flucht
- Schutz vor Ausbeutung
- elterliche Fürsorge
- besondere Fürsorge und Förderung bei Behinderung

Auch in Deutschland werden Kinderrechte nicht immer eingehalten.

2 Vergleiche in ① die Kinderrechte mit dem Bild und dem Text. △

3 Informiert euch über Kinderrechte. ▪▪   S. 134

4 Sucht euch ein Kinderrecht aus und erklärt es. Macht euch Notizen.
Name des Kinderrechts: ...   Bedeutung: ...   Beispiel: ...

5 Stellt eure Ergebnisse in der Klasse vor.

6 Was hat dir geholfen, die Kinderrechte zu verstehen?

Sprechen und Zuhören | Verstehend zuhören: entnehmen Beiträgen in fachspezifischer Bildungssprache die wesentlichen Informationen | > Medienbildung, S. 134 | **77**

▪ *Suchen und Verarbeiten* | Texte planen und schreiben: nutzen Schreiben zum Erschließen von Texten

Einen Vorgang beschreiben

1 Lies diese Arbeitsanleitung zum Tütenkleben. Erzähle.

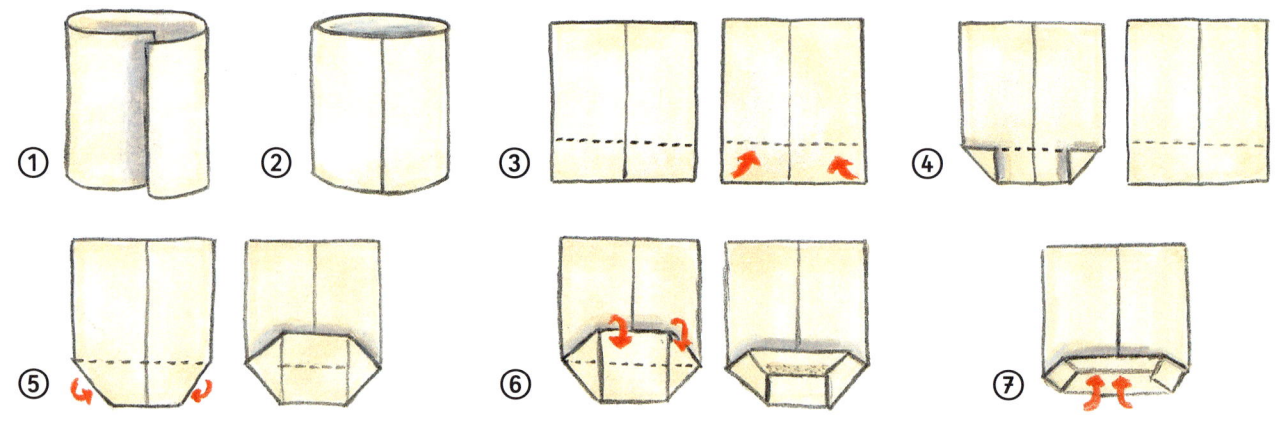

1. Nimm dir ein DIN-A4-Blatt und bestreiche den kürzeren Rand mit Klebstoff.
2. Klebe das Blatt in der Mitte zusammen und drücke es platt,
   sodass die zusammengeklebten Seitenränder etwa in der Mitte sind.
3. Knicke den unteren Rand ca. 5 cm um und klappe ihn wieder zurück.
4. Falte beide Ecken bis zur Faltlinie und wieder zurück.
5. Fasse nun mit deinen Händen in die Tüte unten und knicke dabei
   beide Ecken nach innen. Klappe jetzt die obere Lasche nach oben auf.
6. Knicke die obere Klappe bis etwas über die gestrichelte Faltlinie nach unten.
7. Falte nun die untere Klappe darüber und klebe sie fest.

2 Erklärt euch die Bastelanleitung.

3 Was war schwierig zu erklären? △

> In einer Anleitung sind Fachbegriffe und passende Verben wichtig.

S. 135 **4** Klebe mithilfe der Bilder und der Anleitung
aus ❶ eine Tüte. Fotografiere die einzelnen Arbeitsschritte.
Füge passende Texte ein.

5 Was ist für eine gute Anleitung wichtig? △

S. 130 **6** Schreibt eine Bastelanleitung für ein Papierschiffchen.
Achtet auf verschiedene Satzanfänge und treffende Verben.

78 Schreiben
Produzieren und Präsentieren

Texte planen und schreiben: verfassen eigene informierende, beschreibende
Texte und achten dabei auf eine reihende Darstellung sowie eine logische
Anordnung der Informationen

> Medienbildung, S. 135
> Beschreibung, S. 130

Eine Vorgangsbeschreibung überarbeiten

1 Lies den Text. Was fällt dir auf? △

> ### Eine Tüte kleben
>
> Man für eine Tüte ein DIN-A4-Blatt. Zuerst bestrich man den Rand
> der kürzeren Blattseite mit Klebstoff. Dann klebt man das Blatt in der Mitte
> zusammen und drückte es platt. Nun knickte man den unteren, offenen Rand
> circa 5 cm breit nach oben um und wieder zurück. So entsteht eine Faltlinie.
> Anschließend knickt die äußeren beiden Ecken bis zu dieser Faltlinie und wieder
> zurück. Es entstehen wieder zwei Faltlinien. Jetzt greift man mit den Händen in
> die Tüte und knickte die Ecken nach innen. Jetzt klappte den Boden nach oben auf.
> Jetzt knickt man die obere Klappe bis etwa über die Mitte nach unten.
> Jetzt faltet man die untere Klappe darüber und klebt sie fest. Jetzt ist Tüte fertig.

2 Überprüft den Text in einer Schreibkonferenz.
Achtet auf die Lupen.

S. 131

3 Schreibe den überarbeiteten Text sorgfältig und richtig auf.

4 Lest diesen Text. Was fällt euch auf?

> ### Webfische
> Zuerst macht man einen biegsamen Zweig zusammen.
> Dann macht man senkrechte Fäden durch den Fischkörper.
> Nun macht man mit Fäden oder Stoffstreifen
> abwechselnd hoch und runter ein Muster. Das macht
> man, bis der Fischbauch fertig ist. Man kann auch ein
> Auge machen. Dann macht man den fertigen Fisch fest.

5 Überarbeite den Text aus **4**.
Achte auf passende Verben.

S. 132

spannen   weben
befestigen   wiederholen
gestalten   binden

6 Warum sind treffende Verben
in einer Vorgangsbeschreibung wichtig?
Begründe. △

Wortfelder nutzen

1 Die Klasse 4b möchte Musikinstrumente aus Müll basteln.
Ben hat eine Rassel dabei. Erzähle.

Wie hast du das gemacht?

Zuerst legst du alle Sachen auf den Tisch, dann machst du Löcher in die Korken, dann machst du ...

2 Schreibt die Anleitung mit passenden Verben auf.
Vergleicht eure Lösungen.

Durch **Wortfelder** lernt man neue Wörter kennen.
Man kann sich genauer ausdrücken.
machen: kleben, schneiden, befestigen, ...

S. 134 **3** Sucht im Internet nach Wortfeldern.

Mir fallen keine anderen Wörter ein.

Lass uns doch im Internet nachsehen! Ich suche nach dem Wortfeld *lustig*.

4 Welche Wortfelder habt ihr gefunden?
Wie ist euch das gelungen?

5 Erstellt in Gruppen Plakate zu den Wortfeldern.

S. 134 **6** Welche Instrumente kann man noch
aus Müll anfertigen? Sucht euch ein Instrument
aus und erstellt ein Erklärvideo.

80   Sprache untersuchen
Produzieren und Präsentieren | Sprachliche Strukturen untersuchen: wählen beim Schreiben und Sprechen je nach Kontext passende Wörter aus Wortfeldern | > AH, S. 45
> Medienbildung, S. 134

Satzarten untersuchen

1 Erzähle.

Ich höre, wie die Sätze klingen:
Aussage.
Frage?
Ausruf!

> Musik aus Müll
> Was war das für ein Auftritt
> Mit ihren selbstgebastelten Instrumenten
> begeisterten die Kinder der Klasse 4b
> ihre Eltern und Mitschüler
> Kleine Kostprobe gefällig
> Das nächste Konzert findet beim Sommerfest statt

2 Schreibe den Text ab. Setze passende Satzzeichen ein. Nutze dazu die Klangprobe.

3 Vergleicht eure Lösungen. Begründet eure Entscheidung.

4 Die Eltern schauen sich begeistert das Schulkonzert an. Schreibe auf, welche unterschiedlichen Ausrufe sie nach jedem Musikstück sagen. Achte auf die Redezeichen.

Bravo!

5 Was haben eure Sätze aus **4** gemeinsam?

6 Welches Satzzeichen passt? Begründet.

Hast du das Konzert gehört	Wer hat die Ansage gesprochen
Waren viele Zuschauer da	Soll so etwas regelmäßig stattfinden
Wann hat es begonnen	Spielst du das nächste Mal mit

7 Manchmal sind Aufforderungssätze wichtig. Erkläre. △

 Pflücke keine Blumen!

 Zelten verboten!

8 Schreibe weitere Wanderregeln auf. Nutze digitale Medien.

Sprache untersuchen
Suchen und Verarbeiten

Sprachliche Strukturen untersuchen: nutzen beim Sprechen und Schreiben die Funktion unterschiedlicher Satzarten, beschreiben deren Wirkungen und setzen passende Satzzeichen

> AH, S. 46
> Medienbildung, S. 134

81

Satzzeichen bei Aufzählungen verwenden

1 Stelle dir vor: Alle elektrischen Geräte fallen aus, auch das Internet funktioniert nicht mehr. Wie würdest du einen Tag ohne Smartphone, Tablet, Fernseher, … verbringen? △

2 Igor und Leonie haben ihre Ideen aufgeschrieben. Vergleicht die beiden Texte. Was fällt euch auf?

Ich möchte Rad fahren
und ein Picknick machen
und Karten spielen
und Schokolade essen.

Ich möchte Rad fahren,
ein Picknick machen,
Karten spielen
und Schokolade essen.

! Wenn man viele Tätigkeiten hintereinander aufschreibt, nennt man das **Aufzählung**. Man lässt **und/oder** weg und setzt dafür ein Komma. Nur das letzte **und/oder** bleibt meistens stehen.
Er möchte schlafen, spielen und Rad fahren.
Er möchte schlafen, spielen oder Rad fahren.

---

3 Schreibe deine Ideen zu einem Tag ohne Internet auf. Verwende das Komma bei Aufzählungen.

4 Erweitert die Ergänzungen mit Adjektiven. △
Schreibe so:
Viele Kinder mögen lange, kurze, helle oder dunkle Hosen.

Viele Kinder mögen Hosen.
Im Unterricht wünschen sich die Kinder Musik.
Viele Menschen lieben Tiere.

5 Schreibe als Aufzählung, was du in deinem Federmäppchen, Turnbeutel oder Schulranzen findest.

Sprachliche Strukturen untersuchen: nutzen beim Sprechen und Schreiben die Funktion unterschiedlicher Satzarten und setzen passende Satzzeichen | verändern Sätze durch Erweitern, um ihre Sprachbewusstheit und ihre Ausdrucksfähigkeit beim Sprechen und Schreiben zu erweitern

> AH, S. 47

Besondere Wörter mit Doppelvokalen und dt schreiben

1 Schreibe die Nomen aus der Wörterschlange mit Artikel auf. 📖
Schreibe so: der Schnee, ...

SCHNEEKLEESEETEEMEERBEEREBEETTEERFEEIDEE

2 **A/a** oder **Aa/aa**? **o** oder **oo**? Schlage nach und schreibe auf. 📖
Schreibe so: der Aal, ...

▮l	H▮r	W▮ge	L▮mm	S▮lz	P▮r	▮s	k▮lt

Z▮	▮ft	B▮t	T▮rte	T▮r	M▮r	d▮rt	M▮s

3 Das Wort PAAR hat verschiedene Bedeutungen. Erkläre. △

Ich kaufe mir ein **Paar** Schuhe.
Ich gehe in ein **paar** Geschäfte.

4 Schreibe die Wortfamilien auf. Markiere alle Aufpassstellen.

Stadt	verwandt	Verwandtschaft	Altstadt
angewandt	städtisch	Hauptstadt	Verwandter

5 Schreibe den Text richtig auf. 📖 △

Peter (läd/lädt) seinen besten Freund Sepp ein.
Seine Mutter sagt immer, dass sie (seelenverwandt/seelenverwand) sind.
Dabei sind sie kein bisschen (verwand/verwandt).
Aber Sepp ist wie Peter sehr (redegewandt/redegewand).
Vielleicht meint Peters Mutter ja diese (Verwandtschaft/Verwandschaft)?

Stadt	verwandt	Haar	Meer	Schnee	See

Sprachgebrauch und
Sprache untersuchen
und reflektieren

Richtig schreiben: überarbeiten Texte mithilfe eines Wörterbuches | schreiben
häufig gebrauchte Wörter mit nicht-regelhaften Rechtschreibbesonderheiten
richtig

> AH, S. 48

83

Besondere Wörter mit ks-Laut schreiben

1 Lest euch den Text laut vor. Was fällt euch auf?

Du bokst und hokst, du knikst und sprinkst,
du flankst und frakst, du träkst und wäkst.
Verflikster Laut! Alles verhekst?

2 Bei welchen Wörtern aus **1** könnt ihr
euch die Schreibweise erklären?
Schreibe sie mit Begründung auf.

Denke an
das Verlängern.

3 Welche Wörter aus **1** müsst ihr nachschlagen?
Schreibe sie auf und markiere die Aufpassstelle rot.

4 Schreibe die Wörter auf. Setze richtig ein: cks gs chs x .

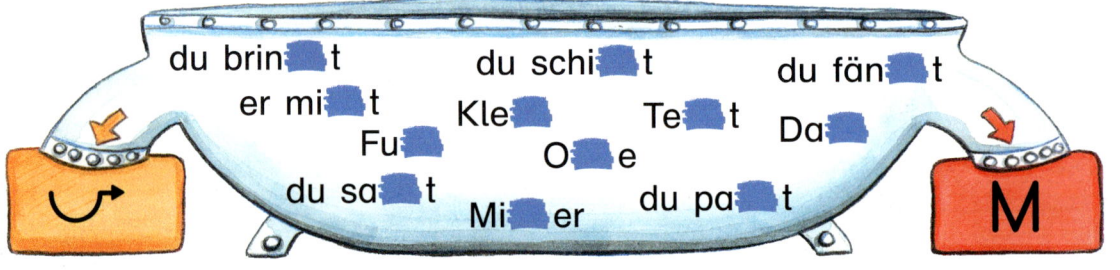

du brin__t   du schi__t   du fän__t
er mi__t   Kle__   Te__t   Da__
Fu__   O__e
du sa__t   du pa__t
Mi__er

5 Schreibe den Text ab.
Setze die richtigen Buchstaben ein.

Die Geschwister dürfen abwe__elnd auf dem
Feldhä__ler mitfahren. Auf der Län__seite des
Flurstü__ wird gewendet. Hoffentlich haben
sich Fu__ und Reh in Sicherheit gebracht.
Der Mais ist dieses Jahr hochgewa__en.
Zu Hause essen die Kinder leckere Ke__e.

Fuchs links Taxi Text sechs

84 Sprachgebrauch und
Sprache untersuchen
und reflektieren
Richtig schreiben: schreiben häufig gebrauchte Wörter mit nicht-regelhaften
Rechtschreibbesonderheiten richtig
> AH, S. 49

Strategien anwenden und begründen

1 Erzähle.

Es gibt so viele Regeln zur Groß- und Kleinschreibung!

Ich merke mir nur, wann ich etwas großschreiben muss.

2 Wie gehst du bei der Groß- und Kleinschreibung vor? △

3 Schreibe nur die Wörter auf, die du großschreiben musst.

jetzt	anleitung	ereignis	hüpfst	wärmer	doch
bunt	fähigkeit	witzig	immer	dann	läuft
rief	überhaupt	ohne	trägt	groß	spaß

4 Vergleicht und begründet eure Entscheidung.

5 Sortiere die Wörter aus **3** nach Wortarten.
Lege dafür eine Tabelle an.

Alle Wörter, die wir keiner Wortart zuordnen können, gehören zu den sonstigen Wörtern.

6 Schreibe die Wörter richtig auf.
Begründe deine Schreibweise.

7 Findet Beispiele zu den Strategien.

- Ich verlängere das Wort.

- Ich spreche in Silben.

- Ich merke mir das Wort.

- Ich finde ein verwandtes Wort.

- Das Wort hat einen Artikel.

- Ich kenne das Gegenteil.

Sprachgebrauch und Sprache untersuchen und reflektieren

Über Lernen sprechen: nutzen Lerngespräche, um Hinweise für ihr eigenes Lernen zu erhalten | bewerten eigene Lernergebnisse im Vergleich mit denen anderer | Verbindung unterschiedlicher Prinzipien nutzen: kombinieren Erkenntnisse zu Wortstämmen mit grammatischen Überlegungen zur Wortart

85

 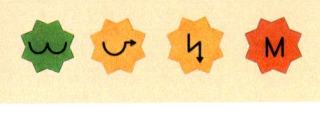
1 Lies den Text. Schreibe die markierten Wörter auf Kärtchen.

Kinderrechte

In Deutschland soll dem Gesetz nach jedes Kind Nahrung bekommen,
wenn es hungrig ist. Die Eltern können mit ihm
bei Krankheiten und Verletzungen zum Arzt gehen.
Das Lernen in Schulen ist selbstverständlich.

5 Aber das ist nicht überall so. In vielen Ländern
müssen Kinder arbeiten, Hunger leiden und
ohne Medikamente auskommen. Oft können sie
auch dann nicht zur Schule gehen, wenn sie
in einer Stadt wohnen. Dabei wäre es so wichtig,

10 das Lesen zu lernen, weil dieses die Augen
für die Welt öffnet. Es gibt zahlreiche Hilfsorganisationen,
die sich um diese Probleme kümmern. Zum Teil werden
Menschen nun schon besser mit Trinkwasser und
Medikamenten versorgt. Aber Kinderrechte und

15 ihre Umsetzung werden oft überhaupt nicht diskutiert.

S. 136 **2** Untersucht eure Wörter und führt ein Rechtschreibgespräch.

3 Berichtet über eure Ergebnisse.

4 Wie ist euch das Rechtschreibgespräch gelungen?

5 Schreibe aus **1** die Wörter mit Wortbausteinen ig , ver und ung auf.

6 Findet weitere Wörter mit Aufpassstellen im Text in **1** .

S. 138 **7** Übe deine schwierigen Wörter.

8 Schreibe den Text aus **1** als

▬ Abschreibtext ▬ Schleichdiktat ▬ Partnerdiktat.

Richtig schreiben: trainieren Rechtschreibung entsprechend eigener Lernbedürfnisse mit einem erweiterten Übungswortschatz
Über Lernen sprechen: führen Lerngespräche, in denen sie ihre Lernstrategien beschreiben, über Arbeitsergebnisse und Lösungswege sprechen

> AH, S. 50
> Rechtschreibgespräch, S. 136
> Wörter üben, S. 138–142

1 Welche Merkmale hat die Blindenschrift?

2 Woran erkennst du Fremdwörter?

3 Was sind Piktogramme?
Warum benutzen wir Piktogramme?

4 Erkläre ein Kinderrecht mit Beispielen.

5 Finde Wörter für das Wortfeld **schwimmen** oder **essen**.

6 Schreibe als Aufzählung, was du
mit deiner Klasse erleben möchtest.

7 Schlage die Wörter nach.
Schreibe sie mit Artikel und Seitenzahl auf.

8 Finde den Fehler in jedem Satz.
Schreibe den Text richtig auf.

> Franz ist schon wieder gewaxen. Mit seinem Großvater
> darf er zum Einkaufszentrum in die Statt fahren.
> Zum Glück sind die Geschäfte noch recht ler.
> Schnell finden sie ein tolles Par Wanderschuhe.
> Jetzt bekommt er noch ein eis.
> Oh Schreck, ein Klex ist auf dem T-Shirt!

9 Prüfe deine Ziele aus dem letzten Kapitel.
Was hast du schon erreicht? Wo brauchst du noch Hilfe?
Welches Ziel möchtest du nun verfolgen?
Wie kann das gelingen?

S. 127

Über Lernen sprechen: vergleichen nach dem gesetzten Zeitraum ihre
Lernergebnisse mit den Zielen und bewerten ihren Lernerfolg; setzen sich
aufgrund dieser Einschätzung selbst herausfordernde, angemessene Ziele I
wählen Lernmethoden, Material und Hilfen aus, um ihre Ziele zu erreichen

> AH, S. 51
> Das kann ich jetzt, S. 127

Zu Fabeln erzählen

1 Lies die Fabel.

> **Der Fuchs und der Storch** *(nach Äsop)*
>
> Eines Tages lud der Fuchs den Storch zum Mittagessen ein.
> Es gab nur eine Suppe, die der Fuchs seinem Gast auf einem Teller vorsetzte.
> Von dem flachen Teller aber konnte der Storch mit seinem langen Schnabel
> nichts aufnehmen. Gierig fraß der Fuchs alles allein, bat den Storch aber
> 5 immer wieder, es sich doch schmecken zu lassen.
> Der Storch fühlte sich betrogen, blieb aber heiter, lobte die Bewirtung und lud
> den Fuchs seinerseits zum Essen ein. Als der Fuchs nun am anderen Tag zum
> Storch kam, stieg ihm der Duft des Bratens lieblich in die Nase. Der Storch
> hatte das Fleisch aber in kleine Stücke geschnitten und brachte es auf den Tisch
> 10 in Gefäßen mit langem Halse und enger Öffnung, wo er mit seinem Schnabel
> leicht hineinlangen konnte. „Folge meinem Beispiel", rief ihm der Storch zu.
> „Tue, als wenn du zu Hause wärest." So aß er ebenfalls alles allein,
> während der Fuchs zu seinem größten Ärger nur das Äußere des Geschirrs
> belecken konnte und hungrig wieder abziehen musste.
> 15 ‚Was du nicht willst, das man dir tu', das füg' auch keinem anderen zu',
> dachte sich zufrieden der Storch.

2 Lest die Merkmale einer Fabel. Findet sie im Text aus **1**. △

Im 1. Teil **begegnen sich** die **Tiere**.

Im 2. Teil fordert der **Stärkere** den **Schwächeren** heraus.

In einer Fabel kommen Tiere vor, die sich **wie Menschen verhalten** und **menschliche Eigenschaften** haben.

Im 3. Teil gibt es oft eine **Wende**: Der Schwächere rächt sich, legt den Stärkeren herein oder hilft dem Stärkeren.

Eine Fabel ist immer in der **1. Vergangenheit** geschrieben.

Am Ende steht oft, was du aus der Fabel lernen kannst. Das ist die **Lehre** der Fabel.

S. 134 **3** Vergleiche die Textsorten Märchen und Fabel. △

Fabelmerkmale beschreiben

1 Lies die Eigenschaften der Fabeltiere. Erzähle.

fleißig
stark
klein

stolz
eitel
hochmütig

schnell
überheblich
listig

störrisch
dumm
gefräßig

langsam
weise
vorsichtig

sorglos
freundlich
treu

2 Wählt zwei Tiere aus **1** aus.
Passen die Eigenschaften zu den Tieren? Begründet.

3 Sucht euch ein eigenes Tier. Notiert seine Eigenschaften.
Stellt euer Tier und seine Eigenschaften vor.

4 Findet zu eurem Tier aus **3** ein
passendes Fabeltier.

> In einer Fabel begegnen sich Tiere mit gegensätzlichen Eigenschaften.

5 Finde zu den Fabel-Lehren die passende Erklärung.

Wer nichts wagt, der nicht gewinnt.	Nur wer am Ende gewinnt, kann sich freuen.
Erst denken, dann handeln.	Manchmal ist es besser, wenn man zuerst überlegt, ob es richtig ist, was man vorhat.
Wer zuletzt lacht, lacht am besten.	Nur wer sich etwas traut, kann auch etwas schaffen.

6 Findet Situationen zu den Lehren aus **5**.
Gebt euch Rückmeldung, ob sie passend sind.

Sprechen und Zuhören | Zu anderen sprechen: bereiten sich je nach Sprechabsicht vor, indem sie sich Notizen machen, Rückmeldungen beachten | erbitten und geben wertschätzende Rückmeldung zu Redebeiträgen und ziehen Schlüsse für weitere Beiträge

89

Eine Fabel erzählen und darstellend gestalten

1 Lies die Fabel.

Der Löwe und die Maus *(nach Äsop)*

Der Löwe, der König der Tiere, lag in der Mittagssonne und schlief. Ein paar Mäuse nutzten die Gelegenheit und tobten auf dem weichen, zottigen Löwenfell herum. Einige trieben es gar zu toll und so wurde der Löwe wach. Ärgerlich schnappte er eine von ihnen. Gerade wollte er sie fressen, da sprach die Maus: „Ach bitte, Herr Löwe, schone mein Leben! Es würde dir bestimmt nicht viel nützen,
5 wenn du mich jetzt fressen würdest. Wenn du mich aber am Leben lässt, so werde ich dir bestimmt eines Tages auch einen Dienst erweisen können!" Da brüllte der Löwe los vor Lachen und ließ die Maus frei.

Nicht lange darauf hörte man in derselben Gegend den Löwen zornig brummen. Er hatte sich tatsächlich
10 im Netz der Jäger verfangen und konnte sich mit all seiner Kraft nicht mehr befreien. Da kam jene Maus, die er vor Kurzem freigelassen hatte. Sie sah, in welch' misslicher Situation der Löwe war und piepste: „Ha! Das werden wir gleich haben!" Schnell machte sie sich
15 daran, mit ihren scharfen Zähnen das Netz zu zernagen. Bald war es zerrissen und der Löwe konnte herausspringen.

S. 130 **2** Findet die Merkmale einer Fabel von Seite 88 im Text in **1**.
Nennt dafür Textstellen mit Zeilenangaben.

3 Nenne die gegensätzlichen Eigenschaften von Löwe und Maus.

4 Schreibt euch Stichwortkarten zu der Fabel aus **1**
und legt einen roten Faden.

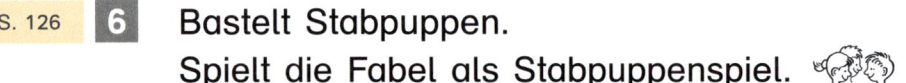

5 Erzähle die Fabel mithilfe des roten Fadens nach.
Was möchtest du besonders hervorheben?

S. 126 **6** Bastelt Stabpuppen.
Spielt die Fabel als Stabpuppenspiel.

Ein Löwe hat
eine tiefe Stimme.

Zu anderen sprechen: achten beim Sprechen auf Lautstärke, Tempo und Satzmelodie und verwenden verständnisunterstützende Gesten
Szenisch spielen: setzen sich mit der Rollenbiografie auseinander und unterscheiden bewusst zwischen sich selbst als Person und dem Figuren-Ich

> Fabel, S. 130
> Szenisch spielen, S. 126

Eine Fabel szenisch spielen

1 Erzähle.

2 Ordne den Bildern aus **1** die passenden Fabelanfänge zu.

> Der Adler rief alle Vögel zusammen und prahlte: „Wer von euch vermag
> so stark zu schreien wie ich?" Keiner der Vögel ließ sich vernehmen. ...

> Es saß ein Rabe, ein Stück Käse im Schnabel. Der schlaue Fuchs,
> der nach dem Käse gierte, umgarnte nun den Vogel, wie ich es euch erzähle: ...

3 Wählt einen Fabelanfang aus **2** aus.
Wie könnte die Fabel weitergehen?

4 Plant ein Rollenspiel.

S. 126

Szene	Wer?	Wo?	Was passiert?	Was wird gesprochen?	Requisiten/ Kostüme

5 Spielt das Rollenspiel vor.
Gebt euch Rückmeldung.

> In einem Rollenspiel spiele ich ein anderes Wesen.

6 Werden die Eigenschaften der Tiere deutlich?
Begründe. △

Eine Fabel nach vorgegebenen Mustern schreiben

1 Lies die Geschichte.

Vanessa und Erik

Vanessa und ihr Bruder Erik wollten ins Schwimmbad. „Lass uns doch um die Wette laufen", schlug Vanessa vor. Erik lachte gutmütig: „Ich bin zwei Jahre älter und viel größer als du. Da gewinne ich sowieso!" Fröhlich rief ihm seine Schwester zu: „Das werden wir ja sehen. Ich bin ganz schön schnell."
5 Beide holten ihre Schwimmsachen und gingen aus dem Haus. „Wer zuletzt an der Schwimmhalle ist, gibt ein Eis aus!", rief Vanessa und rannte los. Nach kurzer Zeit überholte Erik sie und dachte: „Ich schaffe es sogar noch schnell in den Zeitschriftenladen." Er ging hinein und suchte sich seinen Lieblingscomic aus. Vanessa sah, dass er im Laden
10 verschwunden war. Geduckt schlich sie vorbei und flitzte weiter. Als Erik wieder hinauskam, rannte er weiter und meinte: „Die habe ich ganz schön abgehängt. Weit und breit nichts zu sehen von ihr!" Doch als er am Schwimmbad ankam, saß seine Schwester schon auf der Treppe und lachte:
15 „Du weißt ja: Schokolade mag ich am liebsten!"

---

2 Welche Lehre passt zu der Geschichte in **1**? △

Erst denken, dann handeln.

Wer zuletzt lacht, lacht am besten.

Eine Fabel ist eine Tiererzählung. Sie wurde erzählt, um Menschen nicht direkt zu kritisieren.

S. 130 **3** Schreibt die Geschichte aus **1** zu einer Fabel um. 👧👦 Die Fragen helfen euch.

- • Welche Eigenschaften haben Vanessa und Erik?
- • Welche Fabeltiere passen gut zu ihnen?
- • Wie verhalten sich deine Tiere?

4 Beurteilt eure Arbeit aus **3**. Was war leicht? Was war schwierig?

Texte planen und schreiben: ziehen, auch im Austausch mit anderen, typische Elemente aus erzählenden Texten heran und erstellen für eigene Texte Sammlungen   > Fabel, S. 130

Eine Fabel überarbeiten

1 Lies Noels Fabel. Was fällt dir auf? △

Maus und Ameise

Eine Maus und eine Ameise stöhnen über die Hitze und wollen am Fluss etwas trinken. Die Maus rief: „Lass uns doch um die Wette laufen!"
Die Ameise ruft: „Ich gewinne sowieso, ich bin viel schneller als du!"
Die Maus schaut sie grimmig an und brummt: „Das werden wir ja sehen. Ich bin ganz schön schnell. Wer zuletzt am Fluss ist, besorgt die nächste Mahlzeit!" Schon rennen beide los.
Die Ameise hatte einen großen Vorsprung und meint: „Ich lege mich kurz hinter den Baum in den Schatten, es ist ja so heiß!"
Die Maus rannte am Baum entlang, sieht die Ameise und läuft schnell weiter.
Die Ameise wacht auf und sagte: „Ich habe ja nur kurz geschlafen. Weit und breit ist nichts von der Maus zu sehen. Da gewinne ich immer noch!"
Aber als sie am Fluss ankam, sitzt die Maus am Wasser und lacht:
„Du weißt ja, ich mag am liebsten Käse!"
Wenn zwei sich streiten, freut sich der Dritte.

> Sind Ameisen nicht fleißige Tiere? Sie ruhen sich doch nie aus.

2 Noel hat für Erik die Ameise und für Vanessa die Maus ausgewählt. Passen die Tiere zu der Fabel auf Seite 92? Begründet.

3 Überarbeitet Noels Fabel in einer Schreibkonferenz.

S. 131

> Eine Maus und eine Ameise stöhnen ...

> Eine Fabel muss in der 1. Vergangenheit stehen.

> Haben die Tiere gegensätzliche Eigenschaften?

4 Überarbeite und gestalte deine Fabel von Seite 92.

S. 135

5 Wie ist dir deine Überarbeitung gelungen? Musstest du viel ändern? Was nimmst du dir vor?

Schreiben
Produzieren und Präsentieren

Texte überarbeiten: nehmen zentrale Anregungen für die Überarbeitung auf und setzen sich dazu jeweils ein konkretes Überarbeitungsziel

> AH, S. 52
> Schreibkonferenz, S. 131
> Medienbildung, S. 135

93

Einen Text rechtschriftlich überarbeiten K

1 Maria hat ihre überarbeitete Fabel zurückbekommen. Erkläre.

> Der Löwe und die Maus
>
> Ein Löwe und eine Maus stöhnen über die <u>hitze</u>. Der Löwe sagte:
> „Lass uns doch zum <u>Fluß</u> laufen und etwas trinken." Die Maus rief:
> „Tolle Idee! Lass uns doch um die Wette laufen!" Der Löwe <u>brülte</u>:
> „Ich gewinne bestimmt, weil ich viel schneller bin als du!"
> Die Maus schaut ihn <u>zornich</u> an und <u>pipte</u>: „Das werden wir ja sehen.
> Ich bin ganz schön schnell. Wer zuletzt am Fluss ist, besorgt
> die <u>nechste</u> <u>Malzeit</u>!"

2 Erklärt euch diese Strategien.

> Großschreibung   verlängern   ableiten   merken   Wortbaustein

S. 132 **3** Verbessere Marias Fehler aus **1**. △

4 Überprüfe deine eigene Fabel.

> Großschreibung:
> Ich erkenne Nomen, wenn ich an die Beweise denke.

5 Finde in jedem Satz den Fehler.
Welche Strategien helfen dir?
Schreibe die Sätze richtig auf. △

> Schon ranten beide los. Der Löwe hatte einen
> großen Vorsprunk und dachte: „Ich lege mich kurz
> unter die Beume in den Schatten. Es ist ja so
> heis!" Schon schlif er ein. Das sa die Maus.
> Sie raste daraufhin lachend an ihm forbei.
> Am ende musste der Löwe der Maus das Essen
> holen. Er gab ihr einen abgenakten Knochen.

6 Schreibe eine Fabel, in welcher der Löwe der Maus hilft.
Überprüft gegenseitig eure Rechtschreibung.

Schreiben
Sprachgebrauch und
Sprache untersuchen
und reflektieren

Texte überarbeiten: überarbeiten ihre Texte rechtschriftlich nach Fehlerschwerpunkten I zeigen beim Schreiben von Texten Rechtschreibbewusstsein
Richtig schreiben: zeigen Rechtschreibbewusstsein, indem sie selbstständig
auf Richtigschreibung achten und sich korrigieren

> AH, S.53
> Texte überarbeiten,
  S. 132

Pronomen im richtigen Fall verwenden

1 Beschreibe Theos Problem.

Ihm oder **ihn**? Ich finde es schwierig, das richtige Pronomen zu finden.

Ich gebe ▮ das Buch.

Da helfen uns die Fragewörter und die Fälle.

2 Erkläre, wie Fragewörter und die Fälle helfen können. Finde Beispiele. △

Wem?
Wen?
Fragewörter
Fälle

3 Lest die Sätze. Findet zu den markierten Pronomen das richtige Fragewort und nennt den Fall. 👒👤

> Eine Maus wollte <u>ihren</u> Freund, den Elefanten, holen.
> Sie suchte <u>ihn</u> überall. Schließlich fand sie <u>ihn</u> hinter <u>ihrem</u> Bau.
> Sie gab <u>ihm</u> einen Schubser, weil es <u>ihr</u> Spaß machte,
> <u>ihn</u> zu erschrecken. <u>Ihr</u> Freund lachte <u>ihr</u> ins Gesicht.
> Er bemerkte <u>ihren</u> Schubser überhaupt nicht.

4 Ersetzt die unterstrichenen Wörter durch passende Pronomen. 〰

> Eine Löwin sah eine Maus in der Sonne sitzen. <u>Die Löwin</u>
> hatte <u>der Maus</u> schon so oft gesagt, dass diese Stelle
> <u>der Löwin</u> gehörte. Dabei war dort so viel Platz, dass
> <u>die Maus und die Löwin</u> beide dort träumen könnten.
> Doch als <u>die Maus und die Löwin</u> sich dort
> hinsetzten, hatte <u>die Maus</u> nur noch Schatten.
> Da setzte <u>die Maus</u> sich auf <u>die Löwin</u>.

5 Ist es sinnvoll, im Text in ▮4▮ alle unterstrichenen Wörter zu ersetzen? Begründe. △

6 Schreibe den Text aus ▮4▮ mit sinnvoll eingesetzten Pronomen auf.

Sprachgebrauch und Sprache untersuchen und reflektieren

Sprachliche Strukturen untersuchen: bestimmen die Merkmale von Pronomen, indem sie sie variieren, und wenden sie in eigenen Texten richtig an I untersuchen Texte und beschreiben, welche sprachlichen Gestaltungsmittel für erzählende Texte typisch sind

> AH, S. 54

Die Fälle anwenden

1 Erzähle.

Ich habe Herr Rabe gestern beim Einkaufen gesehen.

Wieso **Herrn**?

Du hast **Herrn** Rabe gestern gesehen.

> Fragen
> Fälle
> Wer/Was?
> Wen/Was?
> Wem?

2 **Herr** oder **Herrn**? Begründe deine Lösung. △

3 Schreibe die Sätze auf.
Setzt **Herr** und **Herrn** richtig ein.
Überprüft mit den Fragen.

Den Fall erkennt man auch bei Fragen wie **auf wen** oder **bei wem**.

> Heute Morgen ist ▪ Rabe in einen Stau gekommen.
> Alle haben auf ▪ Rabe lange gewartet.
> Dabei hat ▪ Rabe gesagt, sie wollten eine Probe
> schreiben. Vielleicht wird ja jemand ▪ Rabe vertreten.
> Welch Glück, die Proben liegen bei ▪ Rabe im Auto.

4 Nutzt euer Wissen über die Fälle,
um die Fabel zu verbessern.

> ### Der Fuchs und die Trauben (nach Äsop)
>
> An einem Berghang erblickte ein schlaues Füchslein
> an einem Rebstock herrliche Trauben. Das Wasser lief
> ihn/ihm im Maul zusammen und es gab sich alle Mühe,
> mit seinen/m Pfoten im Sprung die Beeren zu
> erhaschen. Der Fuchs konnte die/den Trauben nicht
> erreichen. Da ging er weiter und versuchte, sich
> über der/den Misserfolg zu trösten, indem er sprach:
> „Was soll ich mit die/den Trauben? Sie sind ja noch
> ganz unreif und bestimmt viel zu sauer!"

Sprachliche Strukturen untersuchen: beschreiben die Veränderungen des
Falls bei Artikeln, Nomen und Adjektiven, die mit der Verwendung im Satz
zusammenhängen, und beachten sie in ihrem eigenen Sprachgebrauch

> AH, S. 55

Die Fälle in Ortsangaben untersuchen

1 Vergleiche die beiden Sätze. Erkläre. △

Die Schildbürger gehen <u>auf dem Marktplatz</u>.

Die Schildbürger gehen <u>auf den Marktplatz</u>.

Artikel
Fälle
Wohin?
Bedeutung
Wo?

2 Wann nutzt du in Ortsangaben den 3. Fall, wann den 4. Fall? △

3 Setzt den bestimmten Artikel im richtigen Fall ein. 👥

Die Schildbürger kletterten auf 🟩 Dach. (Wohin?)
Sie kletterten auf 🟩 Dach. (Wo?)
Der Bürgermeister stand vor 🟩 Mauer. (Wo?)
Der Bürgermeister ging vor 🟩 Mauer. (Wohin?)
Alle wollten Licht in 🟩 Rathaus bringen. (Wohin?)
Alle wollten Licht in 🟩 Rathaus haben. (Wo?)
Viele fingen Licht in 🟩 Eimer. (Wo?)
Manche schaufelten Licht
in 🟩 Eimer. (Wohin?)

4 Schreibe den Text richtig auf.
Nutze bestimmte und unbestimmte Artikel.

Einige Schildbürger fingen 🟩 Licht in 🟩 Wohnzimmer.
Einer hielt 🟩 Kartoffelsack in 🟩 Sonnenlicht.
Anschließend band er 🟩 Sack in 🟩 Schatten zu.
Ein Schlauer fing 🟩 Sonnenstrahlen in 🟩 Mausefalle ein.
Sie schütteten alles Licht in 🟩 Rathaushalle.
Alles war ohne Erfolg, es blieb dunkel in 🟩 Räumen.

5 Schreibe eigene Sätze mit Ortsangaben dieser Seite.

Sprachgebrauch und
Sprache untersuchen
und reflektieren

Sprachliche Strukturen untersuchen: beschreiben die Veränderungen des
Falls bei Artikeln, Nomen und Adjektiven, die mit der Verwendung im Satz
zusammenhängen, und beachten sie in ihrem eigenen Sprachgebrauch

> AH, S. 56

97

Besondere Wörter mit ß schreiben

1 Vergleicht die Wörter. Was fällt euch auf?

A	B
fließen	flossen
gießen	gossen
schließen	schlossen
zerreißen	zerrissen

Zwielaut
Zeitform
offene Silbe
geschlossene Silbe

2 Was hast du herausgefunden? Erkläre.

3 Welche Buchstaben fehlen? Begründet.
Überprüft mit der Wörterliste.

„La▮ uns um die Wette laufen!", begrü▮t Vanessa
ihren Bruder. Erik wei▮, dass seine Schwester
Schokoladeneis mag. „Mu▮ das sein? Ich habe blo▮
noch fünf Euro für diesen Monat", jammert Erik.

4 Schreibe die Wortfamilien auf. Markiere das **ß**.

Straße	Süßigkeiten	begrüßt	spaßig	Straßenbahn
grüßen	Spaßverderber	Fleiß	süßen	fleißig
süß	Landstraße	grußlos	fleißiger	Spaß

5 Finde die Fehler. Schreibe die Sätze richtig auf. Begründe.

Die Fabeltiere treffen sich auf der Landstrasse. „Langsam
ist es nicht mehr spassig!", brüllte der Löwe, „immer noch
müßen wir die Menschen belehren." Der Fuchs
stimmte ihm zu: „Genau, aber wir können noch so
fleissig sein! Es gibt so viele Spassverderber,
die alles beßer wißen!"

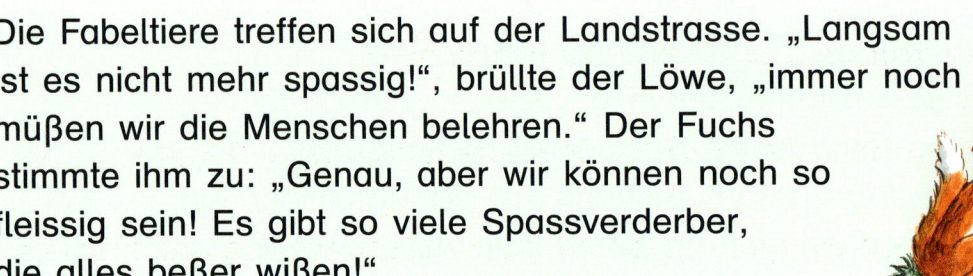

außer   draußen   heißen   Straße

Richtig schreiben: schreiben häufig gebrauchte Wörter mit nicht-regelhaften
Rechtschreibbesonderheiten richtig I überarbeiten Texte mithilfe eines Wörterbuches

Schreibweisen untersuchen und Strategien nutzen

1 Erzähle.

endlos   Enttäuschung

Ja, bei **Enttäuschung** ist **ent** der vorangestellte Wortbaustein. Die Wörter mit **end** dagegen haben alle etwas mit **Ende** zu tun.

Ist das beides richtig? Einmal schreibe ich **end** mit **d**, einmal **Ent** mit **t**.

Endlos bedeutet **ohne Ende**.

2 Lies die Wörter und finde die Fehler. Ordne die richtige Begründung zu. △

Endschädigung   entschädigung   Entschedigung

Oft hilft es mir, wenn ich das Wort in Bausteine zerlege.

Achtung! Der Baustein ent wird mit **t** geschrieben.

Achtung! Hier hilft Ableiten: Das Wort kommt von **Schaden**.

Achtung! Der nachgestellte Wortbaustein ung zeigt, dass es sich um ein Nomen handelt.

3 Führt ein Rechtschreibgespräch zu diesen Wörtern.

S. 136

vollständigkeit	schedlich	Süsstoffbehälter
Volständigkeit	Schädlich	Süßstofbehälter
Vollständichkeit	schätlich	Süßstoffbehelter

4 Schreibe die Wörter aus **2** und **3** richtig auf.

5 Finde in jedem Satz den Fehler. Schreibe die Sätze richtig auf. △

Fuchs und Bock giengen an einem heißen Sommertag miteinander über die Felder. Der Durst quelte sie. Entlich kamen sie an einen Brunnen. Doch es war kein Gefäs zum Wasserschöpfen da. Ohne zu zögern, sprangen beide in den Brunnen und stilten ihren Durst.

Sprachgebrauch und Sprache untersuchen und reflektieren

Sprachliche Strukturen untersuchen: bilden unter Verwendung verschiedener Wortbausteine mehrfach zusammengesetzte Wörter

> AH, S. 57
> Rechtschreib-
  gespräch, S. 136

99

1 Lies den Text. Schreibe die markierten Wörter auf Kärtchen.

Der Esel und der Fuchs *(nach Äsop)*

Ein Esel und ein Fuchs lebten schon lange zusammen .

Der Fuchs und der Esel jagten sogar freundschaftlich miteinander.

Auf einem ihrer Streifzüge kam ihnen plötzlich ein Löwe entgegen.

Ängstlich dachte der Fuchs, er könnte den Weg nicht mehr

5 wechseln und entfliehen. Mit gekünstelter Freundlichkeit

sprach er zum Löwen: „Gütiger Herrscher ! Wenn

ich dir das Fleisch des Esels gebe, schenkst

du mir bestimmt das Leben." Der Löwe

versprach ihm Gnade. Der Fuchs lockte

10 den Esel zu einer Grube und dieser fiel

hinein. Brüllend stürzte sich der Löwe

auf den Fuchs und ergriff ihn mit den Worten:

„Der Esel ist mir sicher, aber dich zerreiße ich

wegen deiner Falschheit zuerst!" Den Verrat benutzt

15 man wohl, aber den Verräter liebt man doch nicht.

S. 136 **2** Untersucht eure Wörter und führt ein Rechtschreibgespräch.

3 Berichtet über eure Ergebnisse.

4 Wie ist euch das Rechtschreibgespräch gelungen?

5 Schreibe aus **1** Wörter mit Wortbausteinen auf. △

6 Findet weitere Wörter mit Aufpassstellen im Text in **1** .

S. 138 **7** Übe deine schwierigen Wörter.

8 Schreibe den Text aus **1** als

Abschreibtext Schleichdiktat Partnerdiktat.

Richtig schreiben: trainieren Rechtschreibung entsprechend eigener Lernbedürfnisse mit einem erweiterten Übungswortschatz
Über Lernen sprechen: führen Lerngespräche, in denen sie ihre Lernstrategien beschreiben, über Arbeitsergebnisse und Lösungswege sprechen

> AH, S. 58
> Rechtschreibgespräch, S.136
> Wörter üben, S. 138–142

1 Nenne die Merkmale einer Fabel.

2 Was hilft dir, wenn du die Rechtschreibung deines Textes überprüfen möchtest?

3 Schreibe die Sätze richtig auf. Nutze dein Wissen über die Fälle.

> Auf der Wiese tat der Wolf (die) Ziege (ein) Gefallen. Mit (die) schönsten Stimme sang der Wolf ein Lied für (das) Tier. (Der) Gesang hörte der Hirtenhund in seiner Hütte.

4 Schreibe die Wörter richtig auf.

5 Schreibe jeweils ein Wort mit Ent- , ent- , End- und end- auf.

6 Erkläre in jedem Wort den Fehler. Schreibe es richtig auf.

> Unentlichkeit   Unendligkeit   unendlichkeit

7 Finde in jedem Satz den Fehler. Schreibe die Sätze richtig auf.

> Ein Pfau und eine Dohle stritten um ihre Forzüge.
> Der Pfau brüstete sich entlos mit dem Glanz
> seiner Federn. Die Dohle lobte erst alles Aufrichtig.
> Dann sagte sie, dass alle diese schönheiten nicht zur
> Hauptsache, dem Fliegen, taugten. Schon flog sie
> davon und endsetzt blieb der Pfau zurück.
> Sei nicht stolz auf äußerlichkeiten!
>
> *(nach Äsop)*

8 Prüfe deine Ziele aus dem letzten Kapitel.
Was hast du schon erreicht? Wo brauchst du noch Hilfe?
Welches Ziel möchtest du nun verfolgen?
Wie kann das gelingen?

S. 127

Tagträumer und Lebensfragen

Gedanken und Wünsche formulieren

1 Lies den Text.

Es gibt ein Land, in dem die Menschen fast gar nicht reden. Das ist das Land der großen Wörterfabrik. In diesem sonderbaren Land muss man die Wörter kaufen und sie schlucken, um sie aussprechen zu können. Es gibt Wörter, die sind wertvoller als andere. Man sagt sie nicht oft. Eigentlich nur, wenn man sehr reich ist. Denn im Land der großen Wörterfabrik ist sprechen teuer. Im Frühling, beim Schlussverkauf, kann man sich Wörter im Sonderangebot kaufen. Man kommt bepackt mit Taschen voller günstiger Wörter nach Hause. Allerdings sind diese Wörter oft unnütz: Was macht man schon mit einem Bauchredner oder einer Zierhasel? An manchen Tagen fliegen Wörter durch die Luft.

[gekürzt nach Agnés de Lestrade]

2 Lies die Fragen. Erzähle und begründe. △

Was wäre, wenn du selbst in diesem Land leben würdest?

Welche Wörter würdest du verschenken?

Welche Wörter würdest du dir kaufen?

3 Wozu ist Sprache wichtig?

4 Suche dir eine **Was wäre, wenn**-Frage aus oder finde eine eigene. Erzähle eine Geschichte. △

… ich mich in ein Tier verwandeln könnte?

… es keine Schule gäbe?

…

Was wäre, wenn …

… ich in eine andere Zeit reisen könnte?

… das Wetter immer gleich wäre?

… wir keine Uhrzeit hätten?

Situationen in verschiedenen Spielformen gestalten

1 Lest den Text. Erzählt.

Luis und Nila sind seit dem Kindergarten Freunde. Jetzt, in der fünften Klasse, besuchen sie verschiedene Schulen. Luis hat neue Freunde, mit denen er sich oft verabredet. Mit Nila spielt er kaum noch. Eines Tages geht Luis mit seinen neuen Freunden zu Nilas und seinem Geheimversteck. Dort treffen sie Nila. Sie möchte mitspielen, aber Luis' Freunde wollen Nila nicht dabeihaben. „Du nervst! Du bist ein Mädchen, mit Mädchen spielen wir nicht!", rufen Luis' Freunde. Luis steht ratlos da und ...

Was wäre, wenn wir ein Leben lang Freunde blieben?

Das wäre toll. Das nehmen wir uns vor!

2 Sprecht über folgende Fragen.

- Warum wollen Luis' Freunde nicht mit Mädchen spielen?
- Welche Probleme hat Luis?
- Wie fühlen sich Luis und Nila in dieser Situation?

3 Überlegt euch ein Ende zu der Geschichte in **1** .

4 Stellt das Ende eurer Geschichte in mehreren Standbildern nach.  S. 126

Standbild   S. 126
1. Wir bilden eine Gruppe.
2. Wir wählen eine Szene aus.
3. Wir wählen Mimik und Gestik aus.
4. Wir üben das Standbild.
5. Wir präsentieren das Standbild stumm.
Die Zuschauer beschreiben und erklären das Standbild und geben Rückmeldung.

Sich in eine Fantasiewelt versetzen

1 Suche dir einen Ort auf der Karte und beschreibe ihn. △

2 Lest den Text. Erzählt. ∽

Das Finsterberglabyrinth ist ein komplexes, ständig wachsendes Tunnelsystem innerhalb der Finsterberge. Es wurde größtenteils von Finsterbergmaden gegraben, welche mit ihrem Feueratem Löcher in die Wände schmelzen und damit ständig neue Verbindungen und Gänge erschaffen. Es regnet selten in den Finsterbergen. Die Wände im Inneren sind aber immer feucht. *[in Anlehnung an Walter Moers]*

3 Stelle dir vor, du musst eine Woche in den Finsterbergen überleben. Du darfst drei Dinge mitnehmen. Begründe deine Auswahl. △

Wasser	Streichhölzer	Essen	Regenjacke	Seil
Kompass	Taschenmesser	Fernglas	Taschenlampe	Decke

4 Diskutiert eure Ergebnisse. Gebt euch Rückmeldung.

Texte planen und schreiben

1 Firas sammelt Ideen für eine Geschichte.
Lest und erzählt.

*Pausen, lang,
Kino, Kino, Kino,
Lehrer, nett*

2 Sammle Wörter zu deiner Traumschule.
Wenn du kein Wort mehr weißt, schreibe einfach immer wieder
das vorige Wort, solange bis dir ein neues einfällt.

3 Wähle nun drei Wörter aus deiner Sammlung aus.
Schreibe mit diesen drei Wörtern eine Geschichte
zu deiner Traumschule.
Du kannst auch digitale Medien nutzen.   S. 134

4 Überarbeitet eure Texte in einer Schreibkonferenz.

5 Präsentiere deinen Text.   S. 133

6 War die Planungsmethode aus **2** hilfreich?
Begründe.

7 Wie kannst du noch Texte planen?

8 Gestaltet ein Geschichtenbuch mit euren Traumschulen.   S. 135
Ihr könnt auch digitale Medien nutzen.

Schreiben
Basis-
kompetenzen

Texte planen und schreiben: nutzen vor dem Schreiben Methoden zur
Sammlung und Ordnung von Wortmaterial, Informationen, Begründungen
und Schreibideen

> AH, S. 60
> Medienbildung, S. 134/135
> Texte präsentieren, S. 133

105

Eine Wandzeitung gestalten

1 Erzähle.

Wandzeitung

1. Wir legen ein Thema fest.
2. Wir sammeln Material und wählen es passend zum Thema aus.
3. Wir bereiten das Material auf:
   - Texte zusammenfassen
   - Stichwörter formulieren
   - eigene Zeichnungen erstellen oder kopieren und vergrößern
   - Texte z. B. mit dem Computer schreiben
4. Wir gestalten die Wandzeitung:
   - ausreichend Platz zwischen den Materialien lassen
   - auf Größe und Lesbarkeit der Schrift achten

S. 134 **2** Sammelt Informationen zu euren weiterführenden Schulen.

3 Präsentiert eure Informationen in der Gruppe.

4 Gestaltet eine Wandzeitung zu einer weiterführenden Schule. Gebt euch Rückmeldung über die Gestaltung.

Pronomen verwenden

1 Erzähle.

> Ich habe dem Bürgermeister schon eine E-Mail geschrieben.
> Seid ihr mit dem Text einverstanden?

> Den Bürgermeister müssen wir mit **Sie** ansprechen.

> Sehr geehrter Herr Bürgermeister,
>
> wir laden dich ganz herzlich zu unserer Abschlussfeier am 30. Juni um 19.30 Uhr ein. Wir führen das Musical *Der kleine Muck* auf. Der Eintritt ist frei, aber du darfst gerne etwas für unsere Theaterkasse spenden. Der Einlass ist ab 19.00 Uhr, die Aufführung endet gegen 21.00 Uhr. Wir freuen uns, wenn du kommst.
>
> Mit freundlichen Grüßen
> deine Klasse 4b

> Unsere Schulleiterin sprechen wir auch mit **Sie** an!

2 Warum ist die Einladung unpassend formuliert? Erkläre. △

3 Wen sprichst du mit **du**, wen mit **Sie** an? Denkt euch Situationen aus. Spielt sie vor. Wie ist die Wirkung?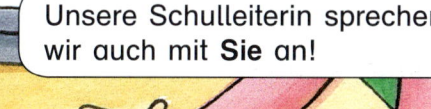

> Wenn du höflich mit Erwachsenen sprichst, benutzt du diese Pronomen: **Sie**, **Ihnen**, **Ihr**, **Ihre**, ... Man schreibt sie groß.

4 Schreibe die E-Mail oder den Brief an den Bürgermeister. Nutze die höflichen Pronomen. Vergleicht.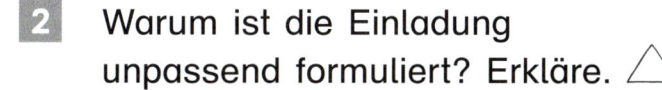

S. 129
S. 134

5 Schreibe Fragen. Nutze die höflichen Pronomen. Vergleicht.

lauter sprechen   noch einmal erklären

etwas wiederholen   Tasche wegnehmen

> Können Sie bitte ... ?

Sprache untersuchen
Kommunizieren und Koopieren

Sprachliche Verständigung untersuchen: beschreiben und bewerten Ursachen und Wirkungen von gelingender Verständigung
Gemeinsamkeiten und Unterschiede von Sprache entdecken: beschreiben und vergleichen Aspekte konzeptioneller Mündlichkeit und Schriftlichkeit

> AH, S. 61
> E-Mail, S. 129
> Medienbildung, S. 134

107

Die Zeitform Zukunft verwenden

1 Erzähle.

Wir werden neue Fächer bekommen.

Wir werden uns nicht mehr jeden Tag sehen.

Werden wir Freunde bleiben?

Ich werde mit dem Bus zur Schule fahren.

2 Welche Gedanken und Fragen gehen dir durch den Kopf, wenn du an das Ende der Grundschulzeit denkst? △

3 Untersuche die Verben in den Sprechblasen. △

| Hilfsverb | Zeitform | Verb | Zukunft |

ich werde
du wirst
er wird
…

> **!** Verben können in verschiedenen Zeitformen stehen. Die Zeitform **Zukunft** zeigt an, dass etwas geschehen wird. Sie wird mit dem Hilfsverb **werden** und dem Verb in der Grundform gebildet.
> Wir werden uns nicht mehr jeden Tag sehen.

4 Schreibe Sätze in der Zeitform Zukunft.

5 Ergänze die Sätze mit Verben in der Zeitform Zukunft.

Ich ▮ zu meiner Schule ▮. Du ▮ mit dem Bus zur Schule ▮.
Wir ▮ jeden Tag sechs Stunden ▮. Die neue Schule ▮ uns ▮.

6 Dieser Satz beschreibt auch die Zukunft. Erklärt.

In der neuen Schule findest du bestimmt neue Freunde.

Die Zeitform Zukunft verwenden

1 Es gibt Wörter, die auf die Zeitformen hinweisen. Ordne die Wörter. △

Gegenwart	1. Vergangenheit	Zukunft

Übergestern gibt es nicht.

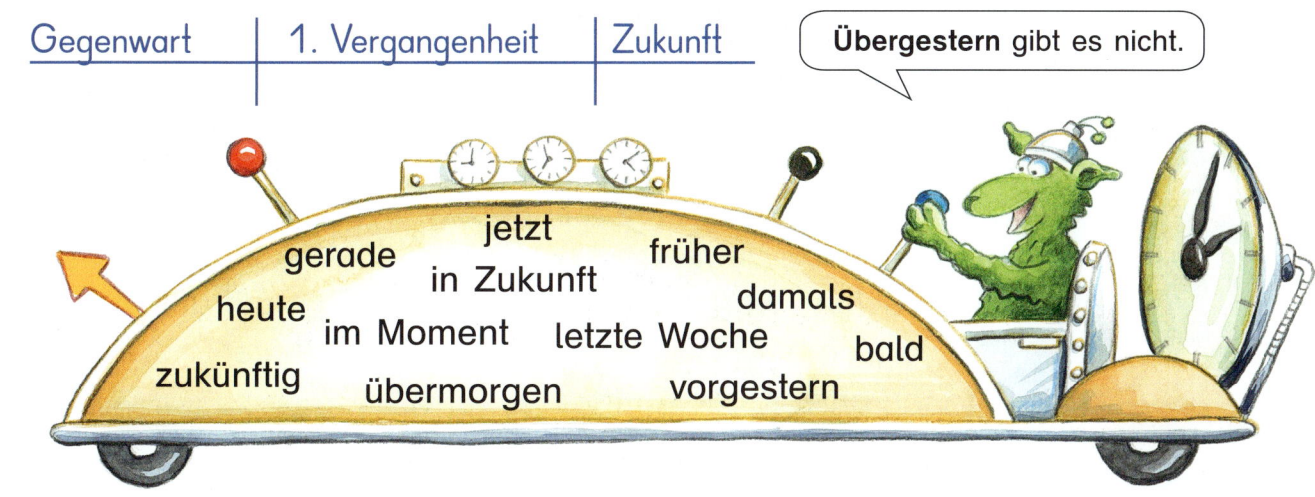

gerade · jetzt · früher · in Zukunft · damals · heute · im Moment · letzte Woche · bald · zukünftig · übermorgen · vorgestern

2 Findest du noch weitere Wörter? Ergänze die Tabelle.

3 Schau in die Zauberkugel. Was wirst du erleben?
Schreibe in der Zeitform Zukunft auf. Nutze Wörter aus **1**.

4 Schreibe in der Zeitform Zukunft auf. Vergleicht.

Bald endet unser letztes Grundschuljahr. Dann gehen wir zu unterschiedlichen Schulen. Viele Kinder fahren mit dem Bus zur neuen Schule. Wir lernen neue Kinder und neue Freunde kennen. Bestimmt haben wir auch andere Fächer. Ob wir uns später noch einmal als Grundschulklasse treffen?

5 Wähle ein Bild aus und schreibe über deine Traumferien. Achte auf die Zeitform.

Digitale Überarbeitungsmöglichkeiten nutzen

1 Lies und beschreibe.

Meine Traumschule
In meiner Traumschule begint der Untericht erst
um 10.00 Uhr, damit ich immer auschlafen kann.
In der Schule wartet ein gesundes Früstück auf uns.
Erst danach begint der Untericht. Jeder Schüler
hat eine eigene Lerkraft.

Warum sind einige Wörter unterstrichen?

Bei diesen Wörtern musst du die Rechtschreibung überprüfen. Da hilft dir meistens ein Klick mit der rechten Maustaste.

Einige Fehler kannst du aber auch durch Verlängern verbessern.

2 Welche Möglichkeiten gibt es noch,
die richtige Schreibweise herauszufinden?

3 Wie gehst du vor? Erkläre. △

Achtung:
Die Rechtschreibkorrektur am Computer findet nicht immer alle Fehler!

4 Lest den Text. Was fällt euch auf? ◠

Meine Traumschule
Die Klassenzimer in mein Traumschule sehen aus
wie ein Wonzimmer. Da stehen Sofas und Sessel,
in die man sich setzen kan. Ich finde es prima,
das wir zwei Stunden Pause haben und nie
Hausaufgaben machen müssen.

5 Überarbeitet den Text aus **4** .

Sprache untersuchen
Basis-
kompetenzen

Richtig schreiben: überarbeiten eigene Texte mithilfe eines Wörterbuches,
ggf. auch mit Rechtschreibhilfen des Computers

> Medienbildung, S. 134

Sprachen vergleichen  M

1 Lest die Wortpaare. Vergleicht die Sprachen.

einkaufen – shoppen	Stadt – City	Lied – Song
Arbeit – Job	auftreten – performen	laufen – joggen

2 Was hast du herausgefunden? Erkläre. △

Bedeutung · ähnlich · schreiben · sprechen · Verwendung

3 Vergleicht auch diese Wortpaare.
Lest sie euch vor.

Mütze – Skizze	Flur – Tour
Leute – Museum	Tage – Etage
Papier – Medien	Korb – Chor

> Fremdwörter erkenne ich an der anderen Schreibung oder Aussprache.

4 Erklärt euch die Bedeutung dieser Fremdwörter.   S. 134

Piano   Limousine   Sandwich   Strophe   Toast   Spray

5 Übe die Fremdwörter dieser Seite.   S. 138

6 Viele Vornamen kommen aus anderen Ländern. Ordnet zu.   S. 134

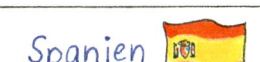  

Juan   Ahmet   Marek   William   Ayse   Antek   Sabine   Ziad

Sprache untersuchen
Suchen und Verarbeiten

Richtig schreiben: schreiben häufig gebrauchte Wörter mit nicht-regelhaften Rechtschreibbesonderheiten richtig
Gemeinsamkeiten und Unterschiede von Sprachen entdecken: beschreiben anhand von Beispielen Gemeinsamkeiten und Unterschiede von Sprachen

> AH, S. 64
> Medienbildung, S. 134
> Wörter üben, S. 138

111

Fremdwörter richtig schreiben

1 Welche Wörter kennt ihr? Erklärt sie.

die Emotion	die Aktion	die Position
die Multiplikation	die Division	die Reaktion
die Situation	die Subtraktion	die Religion

> Viele Nomen mit der Endung **ion** kommen aus dem Lateinischen.

S. 134 **2** Finde Erklärungen für die Wörter, die du nicht kennst.

3 Wie bist du vorgegangen? Wie ist dir das gelungen?

4 Sortiert die Wörter aus **1** nach dem Alphabet.

5 Erklärt euch diese Verben.

subtrahieren	konzentrieren	funktionieren	gratulieren
präsentieren	diskutieren	operieren	addieren
dividieren	reflektieren	explodieren	reagieren

6 Setzt passende Nomen ein.

Wenn ich mich gut konzentrieren kann, dann sagt man, dass meine ▩ gut ist. Wenn ich mein Plakat gut präsentiert habe, war meine ▩ gelungen. Wenn wir sachlich diskutieren, führt uns die ▩ zu einem Ergebnis.
Wenn ich die Zahlen in der Aufgabe richtig dividiere, stimmt das Ergebnis der ▩. Ich möchte nicht vor Wut explodieren. Die ▩ vermeide ich, indem ich tief einatme.

7 Bilde die Mehrzahl dieser Wörter.

Museum   Pizza   Typ   Match   Tour   Rockband

8 Schreibe mit den Fremdwörtern dieser Seite lustige Sätze.

Richtig schreiben: schreiben häufig gebrauchte Wörter mit nicht-regelhaften Rechtschreibbesonderheiten richtig
Gemeinsamkeiten und Unterschiede von Sprachen entdecken: beschreiben anhand von Beispielen Gemeinsamkeiten und Unterschiede von Sprachen

> AH, S. 64
> Medienbildung, S. 134

Häufige Wörter und Wortbausteine üben

1 Erzähle.

Manche Wörter kommen häufig vor.

Die müssen wir uns merken. Einige kenne ich schon auswendig.

Ja, dazu gehören auch manche Vorsilben.

2 Welche Wortbausteine müsst ihr euch merken?
Schreibe sie auf und markiere die Aufpassstellen.

| aus | ge | ein | ab | vor | an | weg | zer | ver |

3 Bilde mit deinen Bausteinen aus **2** Verben.
Schreibe damit Sätze auf. Vergleicht.

4 Diese Wörter braucht man oft.
Damit du sie dir merken kannst, schreibe sie
auf kleine Karten und lege eine Lernkartei an.

S. 139

denn	vorher	dann	wann	und	sind	obwohl
sehr	mehr	also	ohne	dort	jetzt	nämlich
hier	als	vorhin	davor	nichts	bevor	vielleicht

5 Übe die Wörter aus **4** . Schreibe Sätze auf.

6 Finde in jedem Satz den Fehler. △
Schreibe die Sätze richtig auf.

Bei manchen Wörtern hilft mir nur der ganze Satz, um sie richtig schreiben zu können.

Mika sagt: „Wen meine Eltern weg sind, sehe ich mir einen
Gruselfilm an." Dijuar fragt aufgeregt: „Wenn willst du einla-
den?" „Na, dich, mach dich schon auf den weg", antwortet
Mika. „Aber nicht, dass du dann kurz Weg bist", murrt Dijuar.
Grinsend meint Mika: „Warum denkt Mann immer, dass ich so
einer bin?" Dijuar lacht: „Gut, ich sage so etwas nicht Meer!"

 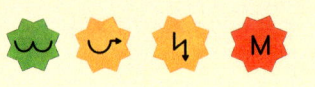
1 Lies den Text. Schreibe die markierten Wörter auf Kärtchen.

Paulas Pläne

Paula will im neuen Schuljahr auf eine internationale Schule

gehen. Die Unterrichtssprache ist Englisch. Zum Glück ist sie

zweisprachig aufgewachsen. Ihre Mutter ist Engländerin . Ab

der sechsten Klasse muss sie noch eine weitere Sprache

5 auswählen. Ihr großer Bruder Markus hat schon längere

Zeit Spanischunterricht und findet diese Sprache toll. Sie wird

in vielen Ländern Mittel- und Südamerikas und natürlich

in Spanien gesprochen. Markus denkt schon jetzt daran, ob er

später wohl einige Monate bei einer Gastfamilie

10 in Peru leben und dort auch zur Schule gehen

könnte. Das wird sicherlich teuer. Das Wichtigste

für Paula ist erst einmal, neue Freunde

und Freundinnen zu finden, mit denen sie

viel unternehmen kann . Hoffentlich wohnt

15 auch jemand in ihrer Nähe.

S. 136 **2** Untersucht eure Wörter und führt ein Rechtschreibgespräch.

3 Berichtet über eure Ergebnisse.

4 Wie ist euch das Rechtschreibgespräch gelungen?

5 Schreibe aus **1** Wörter mit Wortbausteinen auf. △

6 Findet weitere Wörter mit Aufpassstellen im Text in **1** . 〰

S. 138 **7** Übe deine schwierigen Wörter.

8 Schreibe den Text aus **1** als

Abschreibtext Schleichdiktat Partnerdiktat

Richtig schreiben: trainieren Rechtschreibung entsprechend eigener Lernbedürfnisse mit einem erweiterten Übungswortschatz
Über Lernen sprechen: führen Lerngespräche, in denen sie ihre Lernstrategien beschreiben, über Arbeitsergebnisse und Lösungswege sprechen

> AH, S. 66
> Rechtschreibgespräch, S. 136
> Wörter üben, S. 138–142

1 Was musst du bei einem Standbild beachten?

2 Wie kannst du Texte planen?

3 Wie gehst du vor, wenn du Texte digital überarbeitest?

4 Schreibe den Brief ab. Setze die passenden Pronomen ein.

Sie   Ihr   Sie   Ihre   Sie   Ihnen   Sie

Sehr geehrte Frau Huber,
hiermit laden wir ▇ herzlich zu unserem Abschlussfest ein.
Wir bieten ▇ ein abwechslungsreiches Programm: ▇ werden
akrobatische Übungen bewundern können und wir bringen ▇
zum Lachen mit unseren Sketchen über unsere Schulzeit.
Für ▇ leibliches Wohl ist auch gesorgt.
Wir würden uns freuen, wenn ▇ kommen.

Mit freundlichen Grüßen
▇ Klasse 4b

5 Erkläre drei Fremdwörter.

6 Ergänze die Sätze mit Verben
in der Zeitform **Zukunft**.

In den Sommerferien ▇ wir in den Urlaub ▇.
Ich ▇ den ganzen Tag im Meer ▇.
Meine Sandburg ▇ ich mit Muscheln ▇.
Am Nachmittag ▇ wir ein Eis ▇.
Abends ▇ ich sicher immer müde ▇.

7 Prüfe deine Ziele aus dem letzten Kapitel.
Was hast du schon erreicht? Wo brauchst du noch Hilfe?
Welches Ziel möchtest du nun verfolgen?
Wie kann das gelingen?

S. 127

Schneemänner und Sandburgen

Eine Fotogeschichte planen und präsentieren

1 Erzähle.

2 Einigt euch und wählt ein Foto aus **1** aus.
Sammelt Ideen für eine Geschichte.

S. 128 **3** Plant eine Geschichte. Notiert euch Stichwörter
auf Karten. Legt einen roten Faden.

S. 133 **4** Präsentiert eure Geschichte.

5 Lisas Gruppe hat ihre Geschichte mit Fotos ergänzt. Erzähle. △

6 Macht Fotos zu eurer Geschichte aus **4**.

Beachtet die Fragen.

- Wer und was muss auf dem Foto zu sehen sein?
- Wo soll das Foto aufgenommen werden?
- Welche Requisiten benötigt ihr?

S. 135 **7** Wählt die besten Fotos aus.
Gestaltet eine Fotogeschichte.

S. 133 **8** Präsentiert eure Fotogeschichte.
Gebt euch Rückmeldung zu dem Text,
zu der Gestaltung und dem roten Faden.

Auf dem Weg
zur Schule
fällt Bu
aus dem
Schulranzen.

116 Schreiben

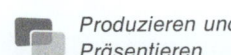 *Produzieren und Präsentieren*

Texte planen und schreiben: bauen ihre eigenen erzählenden Texte sinnvoll
auf und stellen ein erzählenswertes Ereignis ins Zentrum

> Texte planen, S. 128
> Texte präsentieren, S. 133
> Medienbildung, S. 135

Medien nutzen

1 Die Kinder erproben verschiedene Möglichkeiten,
Szenen ihrer Geschichten digital darzustellen. Lest und beschreibt.

> Wir erstellen ein Standbild zu einer Szene aus unserer Geschichte. Wir fotografieren es und beschreiben das Standbild mit einem Audiobeitrag.

> Wir drehen einen Film zu einer Szene aus unserer Geschichte.

> Wir erstellen ein Bilderbuch zu unserer Geschichte und fügen Sprechblasen ein.

2 Wählt eine Möglichkeit aus **1**. Gestaltet eure Szene.
Nutzt diese Planungsschritte:

- Entscheiden und Bereitstellen:
  Welche Szene wird dargestellt? Was brauchen wir dafür?
- Überlegen und Aufschreiben:
  Was sagt wer wann?
- Ausprobieren:
  Wir führen mehrere Versuche durch
  und entscheiden uns für die beste Aufnahme.

> Eine gute Wirkung erzeuge ich mit passendem Text, Gestik und Mimik und guten Bildausschnitten.

3 Präsentiert eure Ergebnisse.
Beachtet die Wirkung eurer Darstellungen.

4 Erstellt ein Hörspiel zu eurer Geschichte von Seite 116.

Schreiben

Produzieren und Präsentieren

Szenisch spielen: setzen Medien bewusst ein, um Szenen zu gestalten und um bestimmte Wirkungen und Effekte zu erzielen.

117

Zu Bildern erzählen

1 Erzähle. △

Ein Schneemann wird lebendig

2 Denkt euch eine Geschichte zu einem Bild oder mehreren Bildern aus **1** aus.
Schreibt Stichwörter auf Karten und legt sie auf einen roten Faden.

3 Was sagen Kari und Bu? Was sagt der Schneemann?

4 Erzählt die Geschichte mithilfe eures roten Fadens.

5 Gebt euch Rückmeldung.

| Zu anderen sprechen: bauen ihre Beiträge wirkungsvoll, nachvollziehbar und logisch auf

Ein szenisches Spiel planen und präsentieren

1 Lies und beschreibe. △

Szene	Wer?	Wo?	Was passiert?	Was wird gesprochen?	Requisiten
1	Kari	draußen im Schnee	rollt eine Schneekugel	ein Erzähler kann vortragen, was passiert, dazu kann man Musik spielen	Zum Beispiel: Stabpuppen: Kari, Schneekugel Hintergrund: verschneite Landschaft
2	Schneemann, Bu	draußen im Schnee	Bu verziert den Schneemann mit Augen	...	Stabpuppen: Bu, Schneemann Hintergrund: verschneite Landschaft
3	Schneemann, Kari, Bu	draußen im Schnee	Schneemann wird lebendig, gibt Kari und Bu die Hand	...	...
4	Schneemann, Kari, Bu	draußen im Schnee	Schneemann zieht Schlitten mit Holz, Kari läuft mit, Bu sitzt auf dem Holz	...	...
5	...	...	...	...	...
6	...	...	...	...	...
7	...	...	...	...	...

2 Plant ein szenisches Spiel.
Die Vorlage aus **1** und
die Anregungen helfen euch.

S. 135

- Rollenspiel
- Standbilder
- Film
- Fotogeschichte

Du kannst auch in deinem Dialekt oder in deiner Sprache sprechen.

3 Präsentiert euer szenisches Spiel.
Gebt euch Rückmeldung.

S. 126

Schreiben

Produzieren und Präsentieren

Szenisch spielen: setzen Medien bewusst ein, um Szenen zu gestalten und um bestimmte Wirkungen und Effekte zu erzielen | Zu anderen sprechen: setzen ihre Sprechabsichten in der persönlichen Sprachvarietät um

> Szenisch spielen, S. 126
> Medienbildung, S. 135

119

Über die Wirkung von Dialekten nachdenken

1 Lies das Gedicht. Welche Wirkung hat das Gedicht auf dich?

A Buamahosntaschn

Zwoa Nägl, zwoa krumme,
a Eiweckglasgumme,
a Bärndreckstanga,
a Fadn, a mordslanga,
a paar flache Stoana,
a Ball, a kloana,
a hohla Schlüßl zum Pfeifn,
a Kaugummistreifn,
a Taschnmesserl,
a Kreidnresterl,
a Schiaßbudnrosn,
a laare Blechdosn,
a Stückl a Schnur,
a eigroste Uhr,
a Verschluß von a Flaschn:
Des hat alls Platz in am Buam
seiner Hosntaschn.

Helmut Zöpfl

2 Übertragt das Gedicht in Hochsprache.

3 Vergleicht die Texte. Findet Gemeinsamkeiten und Unterschiede.

4 Lest das Gedicht in Dialekt und Hochsprache vor. Vergleicht die Wirkung.

S. 135 **5** Findet weitere Gedichte in einem Dialekt.

> Du kannst auch in deiner Sprache suchen.

6 Was denkst du? Warum gibt es Gedichte in verschiedenen Dialekten?

Gemeinsamkeiten und Unterschiede von Sprachen entdecken: beschreiben Gemeinsamkeiten und Unterschiede von Sprachen und Schriftsystemen und nutzen ihre Einsichten für ihre Sprachbewusstheit

> Medienbildung, S. 135

Ein Rezept schreiben

1 Erzähle.

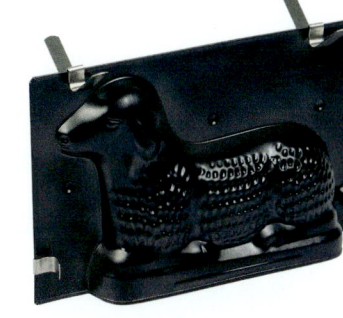 

> Ein Osterlamm kann man auch mit einer Fertigmischung backen!

2 Lies das Rezept.

Geräte: 3-D-Form für Osterlamm (Inhalt 1 Liter oder kleiner), Backpinsel, Schüssel, Rührgerät, Löffel, Kuchenrost, Waage

Zutaten für Rührteig:

150 g weiche Butter oder Margarine
150 g Zucker
1 Päckchen Vanillezucker
1 Prise Salz
3 Eier
200 g Mehl
2 gestrichene TL Backpulver
2 EL Milch
etwas Fett zum Einfetten der Form

Verzierung:
mit Puderzucker bestreuen oder mit Guss oder weißer Schokolade überziehen und mit Kokosraspeln bestreuen

Guss:
150 g Puderzucker mit 3 EL Zitronensaft verrühren

1. Butter/Margarine in der Schüssel mit dem Mixer glatt rühren

2. Zucker, Vanillezucker und Salz hinzugeben

3. jedes Ei etwa 1 Minute auf höchster Stufe unterrühren

4. Mehl mit Backpulver mischen und in 2 Portionen unterrühren

5. Form fetten und Teig einfüllen

6. bei 160°C Heißluft oder 180°C Ober-/Unterhitze ca. 55 Min. backen

7. zum Abkühlen 10 Min. stehen lassen, dann aus der Form stürzen

8. nach dem Erkalten verzieren

3 Backe und verziere das Osterlamm.

4 Schreibe eine Vorgangsbeschreibung zu dem Rezept aus **2**.

S. 130

5 Überarbeite deine Vorgangsbeschreibung in einer Schreibkonferenz.

S. 131

Schreiben · Texte planen und schreiben: verfassen eigene informierende, beschreibende Texte und achten dabei auf eine reihende Darstellung sowie eine logische Anordnung der Informationen | schreiben eigene informierende Texte und achten auf die Vollständigkeit und zeitliche Ordnung der Informationen · > AH, S. 70 · > Vorgangsbeschreibung, S. 130 · > Schreibkonferenz, S. 131 · **121**

Einen Tagebucheintrag gestalten

1 Lies den Tagebucheintrag aus dem **Lotta-Leben**.

Cheyenne ist nämlich meine
allerbeste Freundin, seit
dem Kindergarten! Und zwar, weil:

Cheyenne →

1. Wir mögen dieselben **Spiele**
(zum Beispiel Beerdigung. Dafür nehmen
wir immer Cheyennes Schwester
Chanell und buddeln sie in der Sandkiste ein).

2. Wir finden das Gleiche **komisch**
(zum Beispiel, wenn bei Cheyenne ganz
oben im Haus ein Fernseher aus dem
Fenster geschmissen wird).

3. Cheyenne ist total mutig und
sagt immer so **freche Sachen**
(das üb ich noch).

4. Wir mögen gern das Gleiche essen
(nämlich am liebsten **Knäckebrot mit
Erdnussbutter und Chipsletten**. Obwohl,
eigentlich mag Cheyenne alles gerne essen).

5. Cheyenne kann total gut **Geheimnisse** für
sich behalten (zum Beispiel, wer den Regenwurm unter
die Salamischeibe von Frau Bohstedts Pausenbrot
gelegt hat. Aber was gibt die mir auch
eine Vier für mein tolles Bild in Kunst???).

6. Wir liiiiieben **Tiere!!!**
Tiere

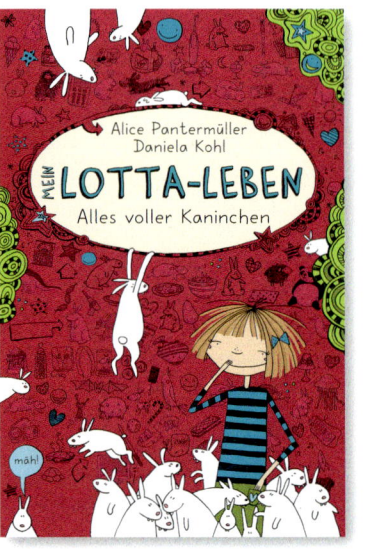

2 Wie gestaltet Lotta ihren Text?

3 Schreibe einen eigenen Tagebucheintrag über deine Freundin
oder deinen Freund. Schreibe und gestalte wie Lotta.

Sprachliche Verständigung untersuchen: untersuchen, welche sprachlichen
Mittel genutzt werden, um bestimmte Wirkungen zu erreichen

Einen Tagebucheintrag weiterschreiben

1 Lies den Tagebucheintrag aus dem **Lotta-Leben**.
Erzähle.

FREITAG, DER 19. AUGUST

Juchhu!!! Heute bin ich in die Fünfte gekommen! Ab jetzt gehe ich nämlich nicht mehr zur Grundschule, sondern in die Günter-Graus-Gesamtschule.

Darauf hab ich mich schon die ganzen Sommerferien gefreut.

Ich war vorher total aufgeregt und hab mein Lieblingskleid angezogen. Das, was an den Armen so einen krisseligen Stoff hat wie diese Fliegenvorhänge vorm Fenster.

← krisseliger Stoff

Bloß in schön natürlich.

Erst hat die Schulleiterin lange geredet und dann hat das Schulorchester Musik gemacht. Ich glaub, das Stück hieß *„Eine kleine Schlafmusik"* oder so.

Dann wurden wir auf unsere Klassen aufgeteilt. Ich bin in die 5b gekommen, in dieselbe Klasse wie Cheyenne. **Zum Glück!!!** ☺

strenger Blick – – →

Unsere neue Klassenlehrerin hat uns in unser Klassenzimmer geführt. Sie ist so eine Kleine mit ganz kurzen Haaren. Und so einer schmalen Brille, über die sie immer streng geguckt hat.

Als Erstes hat sie streng über ihre Brille geguckt.

Da haben wir lieber alle sofort die Klappe gehalten.

`„Ich heiße Gisela Kackert",` hat sie gesagt und immer noch so geguckt, dass niemand sich traute, auch nur mit den Ohren zu wackeln. `„Ihr wisst es noch nicht, deshalb sage ich es euch: Wer Witze über meinen Namen macht, stirbt einen qualvollen Tod."`

2 Wie könnte die Geschichte weitergehen?

3 Schreibe auf, wie deine Geschichte aus **2** weitergeht. Schreibe und gestalte wie Lotta.

Texte planen und schreiben: gestalten erzählende Texte lebendig, wirkungsvoll und anschaulich durch den gezielten Einsatz passender sprachlicher Mittel

> AH, S. 71
> Erzählende Texte, S. 130

123

ich – du – wir △

1. Ich arbeite alleine.
2. Ich tausche mich mit einem Partnerkind aus.
3. Wir sprechen über unsere Ergebnisse in der Gruppe.
4. Wir ergänzen.
5. Ich arbeite mit den Ideen weiter.

Partnerarbeit

1. Wir arbeiten gemeinsam und helfen uns.
2. Wir sprechen in Flüstersprache.
3. Wir halten die Gesprächsregeln ein.
4. Wir sind beide für das Ergebnis verantwortlich.

Gruppenarbeit

1. Wir bilden eine Gruppe.
2. Wir wählen ein Thema aus.
3. Wir teilen ein, wer präsentiert und wer mitschreibt.
4. Wir arbeiten gemeinsam und helfen uns.
5. Wir sprechen in Flüstersprache.
6. Wir halten die Gesprächsregeln ein.
7. Wir sind alle für das Ergebnis der Gruppenarbeit verantwortlich.

Murmelrunde

1. Ich denke über ein Thema nach.
2. Ich tausche mich mit anderen Kindern aus.
3. Ich spreche dabei in Flüstersprache.

Sprechen und Zuhören:
- Verstehend zuhören
- Zu anderen sprechen
- Gespräche führen

Gesprächsregeln

Erzählregeln

1. Ich melde mich.
2. Ich schaue die Zuhörer an.
3. Ich spreche laut und deutlich.
4. Ich bleibe beim Thema.
5. Ich knüpfe an das an, was ein anderes Kind gesagt hat.
6. Ich wiederhole nicht das, was das Kind vor mir gesagt hat.
7. Ich beantworte Fragen.
8. Ich lasse andere ausreden.

Zuhörregeln

Vor dem Zuhören:

- Ich überlege, was ich schon zum Thema weiß.
- Ich stelle mich auf das Zuhören ein und konzentriere mich auf den Sprecher/die Sprecherin.

Während des Hörens:

- Ich mache mir beim Hören Notizen (Stichwörter).

Nach dem Zuhören:

- Ich denke über das Gehörte nach.
- Ich gebe Rückmeldung.
- Ich stelle Fragen.

Rückmeldung geben

- Ich bin höflich und lobe.
- Ich gebe Tipps zur Verbesserung.
- Ich begründe meine Meinung.

Ich finde die Geschichte sehr spannend.

Deine Satzanfänge sind alle gleich.

...

 Mir gefällt ...

 Du könntest noch etwas verbessern.

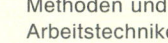 Tipp Ich gebe dir den Tipp ...

Methoden und
Arbeitstechniken

Sprechen und Zuhören:
- Verstehend zuhören
- Zu anderen sprechen
- Gespräche führen

125

Pro-und-Kontra-Diskussion

<u>Der Moderator/die Moderatorin</u>
- achtet auf die Einhaltung der Gesprächsregeln.
- erteilt abwechselnd das Wort.
- leitet das Gespräch.

<u>Der/Die Vertreter/in der Pro-Gruppe</u>
- trägt Pro-Argumente vor.

<u>Der/Die Vertreter/in der Kontra-Gruppe</u>
- trägt Kontra-Argumente vor.

Szenisch spielen

- Ich lese den Text und/oder schaue mir die Bilder an.
- Ich spreche mit anderen Kindern über den Text.
- Ich wähle eine Gestalt aus und fühle mich in die Gestalt ein.
- Ich sammle Ideen, was die Gestalt sprechen könnte.
- Ich übe mit den anderen Kindern zusammen die Szene und setze meinen Körper passend zur Szene ein.
- Dabei verändere ich meine Stimme passend.
- Ich präsentiere das Spiel mit den anderen Kindern.
- Die Zuschauer beobachten genau.
- Wir holen uns Rückmeldung ein.

Standbild

Mit einem Standbild kannst du eine Szene wie in einem Foto einfrieren.
- Wir bilden eine Gruppe.
- Wir wählen eine Szene aus.
- Wir überlegen gemeinsam, welche Mimik und Gestik sich am besten eignet.
- Wir üben unser Standbild.
- Wir präsentieren unser Standbild stumm.

Die Zuschauer beschreiben das Standbild und geben Rückmeldung.

Sprechen und Zuhören:
- Zu anderen sprechen
- Gespräche führen
- Szenisch spielen

Über Lernen sprechen

- Ich schätze meine/unsere Arbeit ein.
- Ich sage, was ich weiß und was mir gefallen hat.
- Ich sage, was ich verbessern kann und was ich mir für meine Arbeit vornehme.
- Ich begründe meine Meinung.

 Ich bin sehr zufrieden.

 Ich könnte noch etwas verbessern.

 Ich nehme mir etwas vor ...

Was nimmst du dir für deine nächste Partnerarbeit vor?

Und wie war das Lernen bei euch?

Das kann ich jetzt/Mein Lerntagebuch

- Am Ende des Kapitels wiederhole ich, was ich gelernt habe.

- Ich prüfe meine Ziele aus dem letzten Kapitel:
  Ich kann gut ...
  Mir gelingt ... gut
  Ich brauche Hilfe bei ...

- Welches Ziel möchte ich verfolgen?
  Ich möchte ...

Ich möchte richtig abschreiben können. Dafür übe ich jeden Tag mit einem Satz.

- Wie kann das gelingen?
  Ich lerne mit meinem Freund/meiner Freundin.
  Ich übe die Wörter mit der Wörterschachtel.
  Ich lese im Kapitel nach.
  Ich ...

Texte planen – Cluster

Mit einem Cluster kann ich Gedanken ordnen.
1. Ich schreibe das Thema in die Mitte.
2. Ich schreibe Ideenketten mit Gefühlen
   und Gedanken. Die Ideenketten können
   sich auch verzweigen.

Texte planen – Schreibplan für eine Erzählung

- Ich entscheide mich
  für eine Schreibidee.
- Ich plane einen Text und
  schreibe einen Schreibplan.

Schreibplan

Thema/Schreibidee: _____

Hauptfiguren: _____
Zeitpunkt: _____
Ort: _____

Ereignis/Problem: _____
Ziel der Hauptfigur: _____

Handlung (Stichwörter): _____
Ergebnis der Handlung: _____

Überschrift: _____

Schreibplan für eine Argumentation

- Ich wähle ein Thema.
- Ich finde Gründe dafür und dagegen
  und schreibe sie in die Tabelle.
- Ich nutze Bindewörter,
  damit meine Gründe überzeugend sind:
  Ich finde …, weil …
  Ich mag …, denn …
  Mir gefällt …, aber …

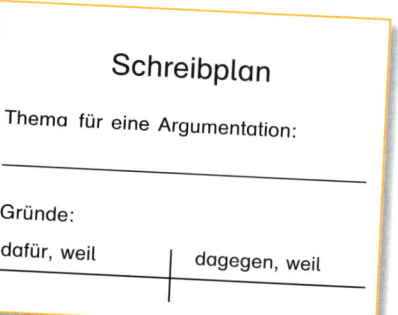

Schreibplan

Thema für eine Argumentation:
_____

Gründe:	
dafür, weil	dagegen, weil

Texte formulieren

Vollständige Sätze schreiben
Es wird gesagt, wer etwas tut oder was geschieht.
Jeder Satz endet mit einem Satzzeichen.

Verschiedene Satzanfänge finden
Ein Text klingt interessanter, wenn er verschiedene Satzanfänge hat.

Passende Wörter finden
Ein Text klingt abwechslungsreicher, wenn du
passende Wörter aus Wortfeldern nutzt.

Passende Überschrift finden
Eine gute Überschrift macht neugierig, verrät aber nicht zu viel.

Texte schreiben – Textaufbau

Argumentierende Texte

E-Mail

- E-Mail-Adresse eintragen
- Betreff schreiben
- Text schreiben mit
  - Anrede
  - Anliegen
  - Grußformel
  - Unterschrift
- Verschicken der E-Mail

In einer E-Mail schreibe ich auch von mir selbst.
Ich kann in einer E-Mail erzählen oder an jemanden appellieren.

Argumentation

- Thema auswählen
- Gründe dafür und dagegen finden und in einer Tabelle aufschreiben
- sich für eine Position entscheiden
- eine gute Reihenfolge für die Ideen finden
- Bindewörter nutzen, damit die Argumente überzeugend sind

Informierende Texte

Bericht

- Thema auswählen
- W-Fragen beantworten:
  Wer? Wo? Wann?
  Was? Wie?
  Warum?
- über die Folgen schreiben
- sachlich schreiben
- keine Gefühle, Meinungen
  oder Wertungen
- keine Umgangssprache
- in der 1. Vergangenheit
  schreiben

Vorgangsbeschreibung

- benötigte Materialien
  aufschreiben
- richtige Reihenfolge
  beachten
- jeden Schritt genau und
  vollständig beschreiben
- sachlich schreiben
- treffende Verben
  und Fachbegriffe nutzen
- man-Form, ich-Form oder
  du-Form nutzen
- in der Gegenwart schreiben

Erzählende Texte

Erzählung / Krimi

- mit Brainstorming,
  Cluster oder Schreibplan
  Ideen sammeln
- den Aufbau beachten
- in einer Zeitform schreiben
- wörtliche Rede verwenden
- wirkungsvolle Adjektive
  und Verben verwenden

Fabel

- mit Brainstorming,
  Cluster oder Schreibplan
  Ideen sammeln
- den Tieren menschliche
  Eigenschaften geben
- Aufbau beachten:
  1. Teil: Begegnung der Tiere
  2. Teil: Der Stärkere fordert
  den Schwächeren heraus
  oder provoziert ihn.
  3. Teil: überraschende Wende
  4. Teil: Lehre
- in der 1. Vergangenheit
  schreiben
- wörtliche Rede verwenden

Methoden und
Arbeitstechniken

Schreiben:
- Texte planen und schreiben

Texte überarbeiten – Textlupen

 Textsorte beachtet?

 Sinnvolle **R**eihenfolge / Roter Faden?

 Vollständige **S**ätze?

 **W**iederholungen?

A **A**usdruck?

Z **Z**eitform?

Ü Passende **Ü**berschrift?

K **K**ontrolle

Texte überarbeiten – Schreibkonferenz

Schritt 1

Autorenkind
Das Autorenkind liest seinen Text langsam und deutlich vor.

Beraterkinder
Die Beraterkinder hören zu. Sie sagen, was sie gut finden und wozu sie noch Fragen haben.

Schritt 2

Autorenkind
Das Autorenkind liest Satz für Satz vor. Es schreibt Vorschläge und Änderungen in den Text.

Beraterkinder
Die Beraterkinder schauen auf den Text und denken mit. Sie machen Vorschläge zur Änderung des Textes.

Schritt 3

Autorenkind
Das Autorenkind überarbeitet seinen Text und überprüft dabei auch die Rechtschreibung.

Texte überarbeiten – So kannst du Texte auch überarbeiten

Umstellen

- Ich stelle einen Satz um.
- Ich finde andere Satzanfänge.
- Ich stelle das Wichtige nach vorne.

Alexander spielt im Garten Fußball <u>mit seinen Freunden</u>.

<u>Mit seinen Freunden</u> spielt Alexander im Garten Fußball.

Streichen

- Ich streiche Überflüssiges und Falsches.

Ich gehe gern zur Schule.
Dort ~~hatte~~ habe ich viele Freunde.
~~Mein Vater ist ein Maler.~~
Mein Lieblingsfach ist Deutsch.

Ersetzen

- Ich ersetze falsche Zeitformen und vermeide Wortwiederholungen.

Jana las ein Buch und ~~isst~~ aß Brot.
~~Jana~~ Sie spielte mit ihren Freunden.

oder

~~Jana~~ Später sie spielte mit ihren Freunden.

Erweitern

- Ich verbinde Sätze.

Im Affenhaus ist Lärm.
Die Affen schreien.

Im Affenhaus ist Lärm, weil die Affen schreien.

- Ich verlängere Sätze.
- Ich schreibe ausführlicher und füge Spannendes ein.

Texte überarbeiten – Texte rechtschriftlich überarbeiten K

- Ich lese alles langsam durch und spreche genau mit.
- Ich erkenne Nomen, wenn ich an die Beweise denke.
- Ich verlängere Wörter.
- Adjektive erkenne ich manchmal an Wortbausteinen.
- Ableiten und Wortfamilien helfen bei Wörtern mit **ä** und **äu**.
- Wenn ich unsicher bin, schlage ich im Wörterbuch nach.

Texte präsentieren – Plakat

- Ich schreibe das Thema als Überschrift groß und farbig oben in die Mitte des Plakates.
- Ich überlege mir, wie viel Platz ein Thema braucht, und teile das Plakat mit dünnen Bleistiftlinien ein.
- Ich schreibe Stichwörter zu den Oberbegriffen auf.
- Meine Schrift muss gut lesbar sein.
- Ich kontrolliere die Rechtschreibung.
- Ich kann auch alles mit dem PC schreiben und Texte aufkleben.
- Ich klebe passende Zeichnungen oder Bilder dazu.

Texte präsentieren – Lern-Spickzettel (Stichwörter sammeln)

- Ich informiere mich zu meinem Thema und finde Oberbegriffe.
- Ich bringe sie in eine sinnvolle Reihenfolge.
- Ich schreibe Stichwörter dazu auf, keine Sätze.
- Ich schreibe mir den Einleitungssatz zu meinem Vortrag auf.
- Ich schreibe mir den Schlusssatz zu meinem Vortrag auf.

Texte präsentieren – Vortrag / Referat

Vor dem Vortrag

- suche ich Informationen und ordne sie mit Karten,
- gestalte ich mein Plakat,
- schreibe ich den Lern-Spickzettel mit Einleitungssatz und Schlusssatz,
- übe ich den Vortrag mit einem Partnerkind oder vor einem Spiegel,
- ordne ich meine Materialien und lege sie mir bereit.

Während des Vortrags

- spreche ich laut und deutlich und mache Pausen,
- schaue ich meine Zuhörer an und zeige z.B. etwas am Plakat.

Nach dem Vortrag

- antworte ich auf Fragen und hole Rückmeldungen ein.

Medienbildung

Basiskompetenzen:

① Damit kannst du
das Geschriebene
löschen/entfernen.

② Du fängst in der nächsten
Zeile an (Enter/Return).

③ Wenn du diese Taste
zusammen mit dem jeweiligen Buchstaben gedrückt hältst,
kannst du den Buchstaben großschreiben.

④ Das ist die Leertaste. Damit setzt du Lücken zwischen die Wörter.

Suchen und Verarbeiten:

- So suche oder recherchiere ich etwas im Internet:
  – 2–3 Begriffe in die Suchmaske schreiben
    (meist Nomen)
  – einen Treffer anklicken
- Hier kann ich Informationen finden:
  – www.blinde-kuh.de
  – www.fragfinn.de

E-Mail = engl.
electronic mail
(elektronische Post)

Kommunizieren und Kooperieren:

- So schreibe ich eine E-Mail:

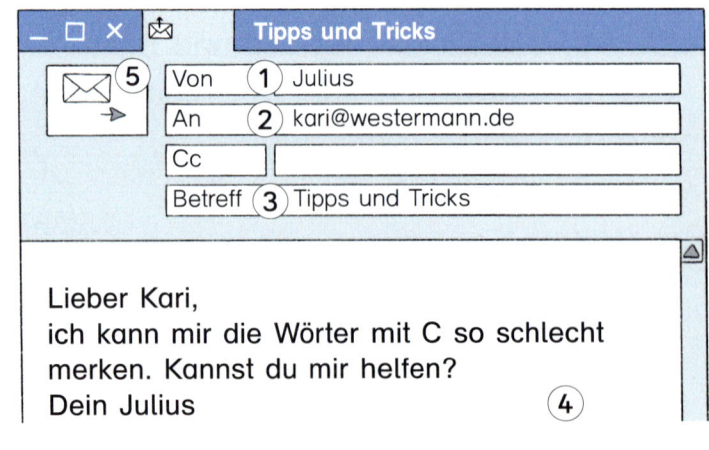

① Absender
der E-Mail
② E-Mail-Adresse
③ Betreff:
Worum geht es?
④ Text der E-Mail
⑤ Senden:
Verschicken
der E-Mail

Methoden und
Arbeitstechniken

Schreiben:
- Texte präsentieren
- Medienbildung

Produzieren und Präsentieren

Am Computer kann ich Texte schreiben und gestalten.

 Schriftart   Zeilenabstand   links setzen

 Schriftfarbe   Fettdruck   mittig setzen

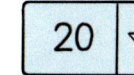 Schriftgröße   unterstreichen   rechts setzen

 Schattierung   kursiv    markieren

So gestalte ich meine Texte mit dem Computer:

- Text eingeben
- Wort/Satz/Text markieren
- Schriftfarbe auswählen
- Schriftart auswählen
- Textfeld anklicken und Grafik einfügen
- speichern

Ich beachte die digitalen Regeln:

- keine Fotos ohne Einverständnis
- keine persönlichen Daten nennen:
  - keine Namen
  - keine Adressen
  - keine Telefonnummern
- niemanden beleidigen

Wenn du unsicher bist, frage einen Erwachsenen.

Analysieren und Reflektieren

- Ich überlege genau, wie oft und wann ich Medien nutze.
- Ich halte die digitalen Regeln zur Nutzung der Medien ein.
- Ich beachte das Urheberrecht.
- Ich überprüfe mit einem Erwachsenen, ob die Internetadresse vertrauensvoll ist.

Methoden und Arbeitstechniken | Schreiben:
- Texte präsentieren
- Medienbildung   **135**

Sternenforscher-Rechtschreibgespräch

Das Gespräch vorbereiten

- Du untersuchst die Wörter mit Silbenbögen.
- Du findest eine Stelle im Wort, die du nicht gut hören kannst oder die du schwierig findest. Kreise sie ein.
- Du findest eine Stelle im Wort, die du anders siehst als du sie sprichst oder hörst:
  Ich sehe: Hun**d**. – Ich spreche/höre: Hun**t**.
  Ich sehe: M**äu**se. – Ich spreche/höre: M**eu**se.
  Diese Stellen sind Aufpassstellen,
  die du mit den Strategien ↻ oder ↳
  erklären kannst. Kreise sie ein.
- Es gibt Aufpassstellen, die du nicht erklären kannst (**V**ogel).
  Diese besondere Stelle musst du dir merken. M
  Kreise sie ein.

Das Rechtschreibgespräch führen

- Du sprichst mit einem Partnerkind über die Wörter.
  Ihr erklärt euch gegenseitig die eingekreisten Stellen.
- Deine schwierigen Stellen markierst du grün.
- Aufpassstellen, die ihr euch erklären könnt, markierst du orange.
- Aufpassstellen, die ihr euch merken müsst, markierst du rot.

Garten

Hund   Mäuse

Vogel

Du verwendest beim Erklären diese Wörter:

(Silben) (Vokal) (Zwielaut) (offen) (geschlossen) (kurz)

(lang) (klar) (undeutlich) (ich sehe) (ich höre)

(ich spreche) (ich verlängere) (ich leite ab)

(ich kann es nicht erklären) (ich merke mir)

Richtig schreiben

- Ich spreche in Silben genau mit.

- Ich spreche eine Stelle und kann
  verschiedene Buchstaben dafür schreiben.
  Bei dieser Aufpassstelle wende ich
  eine Strategie an.

- Ich beachte die Großschreibung. ↑

- Ich achte auf Wortbausteine. ▢

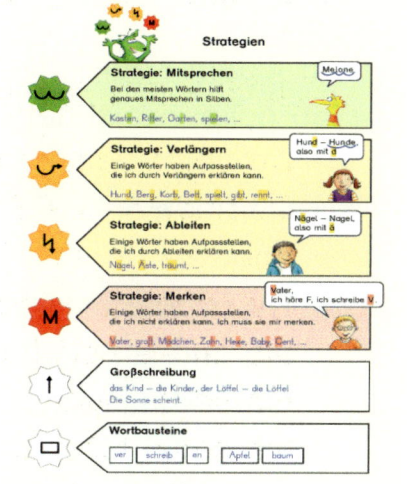

Wörter nachschlagen

- Bin ich mir nicht sicher, wie das Wort geschrieben wird,
  schlage ich das Wort nach.

- Ich schreibe das Wort auf, markiere die besondere Stelle
  und spreche die Besonderheit. (**Vulkan** schreibe ich mit **V**.)

- Wenn ich ein Wort nicht finden kann,
  überlege ich, ob es einen anderen
  Anfangsbuchstaben haben könnte.
  Ich höre Fater. Ich schreibe Vater.

> Findest du ein Wort
> nicht in der Wörterliste
> unter **F/f** oder **W/w**, suchst
> du unter **V/v**.

- Wenn der erste Buchstabe gleich ist,
  schaue ich mir den nächsten Buchstaben an.

- Wenn der zweite, dritte, ... Buchstabe gleich ist,
  schaue ich mir immer den nächsten an.

	V
der	**Ver|band**, die Verbände
	ver|flixt
	ver|ges|sen*, du vergisst,
	sie vergaß, sie hat vergessen

Häufigkeitswörter üben

In jedem Kapitel finde ich
so gekennzeichnete Wörter:

nicht   man   nichts   bis   oft

- Diese Wörter werden häufig benutzt.
  Ich soll sie sicher schreiben können.
  Dafür muss ich sie üben!

- Ich schreibe sie auf kleine Karten
  oder in ein besonderes Heft.

- Ich schreibe mit diesen Wörtern Sätze:
  Oft gehe ich nur ins Badezimmer,
  um zuerst aus dem Fenster und
  zuletzt in den Spiegel zu schauen.

Ergänze auch
deine eigenen
Übungswörter.

Besondere Wörter üben

erzählen   fahren   wahr   zehn

- Ich sammle diese besonderen Wörter
  in meiner Wörterschachtel oder
  in meinem besonderen Heft.

- Ich übe sie mit den Übungen von Seite 139.
  Ich spreche die Aufpassstelle immer mit.
  (**Christ** schreibe ich mit **Ch**.)
  Ich markiere die Aufpassstelle rot.

- Ich schaue mir das besondere Wort an
  und schreibe es auswendig auf.

- Wenn ich jeden Tag 10 Minuten übe,
  sind die besonderen Wörter schnell in meinem Gedächtnis.

Häufigkeitswortschatz

ab	immer ins	ob oft	wann warum wenig wie wieder
bin bis bist	man	sehr	
dann	nicht nichts nie nur	voll	zu zuletzt zusammen
hier hin			

Schwierige Wörter üben

- Ich kann die Wörter in einer Schachtel
  oder in einem besonderen Heft sammeln.

- Zu Wörtern, bei denen ich eine Strategie anwenden kann, suche
  ich weitere Wörter, für die ich diese Strategie auch anwende:
  Tier – Tiere, schief – schiefer, lief – liefen, ...

- Ich schreibe die Wörter mehrfach in ein Spinnennetz.

- Ich schreibe meine schwierigen Wörter
  in verschiedenen Farben und Formen auf.

- Ich ordne die Wörter nach dem Abc.

- Ich schreibe Nomen mit Artikel in der Einzahl und Mehrzahl auf.

- Ich schreibe Verben in verschiedenen Personalformen auf.

- Ich schreibe Verben in verschiedenen Zeitformen auf.

- Ich steigere Adjektive.

- Ich finde weitere Wörter aus der Wortfamilie.

- Ich bilde zusammengesetzte Wörter.

Hier findest du den Grundwortschatz geordnet nach Besonderheiten.

- Du kannst zu diesen Schwerpunkten eigene Wörter für deinen persönlichen Übungswortschatz sammeln.
- Übe diese Wörter mit verschiedenen Übungsmethoden. Anregungen findest du auf Seite 139.

Wörter zum Mitsprechen

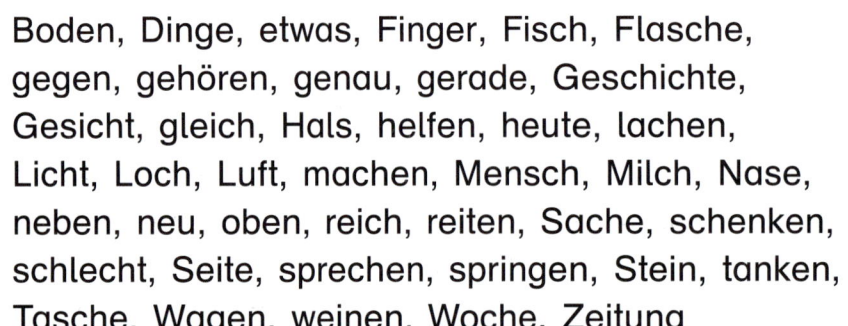

(Zwei- und mehrsilbige Wörter trennst du am Zeilenende nach Schreibsilben.)

Boden, Dinge, etwas, Finger, Fisch, Flasche, gegen, gehören, genau, gerade, Geschichte, Gesicht, gleich, Hals, helfen, heute, lachen, Licht, Loch, Luft, machen, Mensch, Milch, Nase, neben, neu, oben, reich, reiten, Sache, schenken, schlecht, Seite, sprechen, springen, Stein, tanken, Tasche, Wagen, weinen, Woche, Zeitung

Wörter, bei denen du <r> nicht gut hörst

Arm, Dorf, dort, Eltern, Erde, erst, gern, gestern, kurz, merken, morgen, schwer, sofort, stark, Tür, werfen, Wurst

Wörter mit <ie>

Beispiel, Brief – Briefe, geschrieben, lesen – liest, nie – niemals, riechen – riecht, schieben – schiebt, schwierig, tief – tiefer, Tier – Tiere, verlieren, ziehen – zieht, zielen – zielt, Zwiebel

Wörter mit doppelten Mitlauten

dumm, essen, kommen, schlimm, schwimmen, schnell, stellen, vergessen, Zimmer, zusammen

Methoden und Arbeitstechniken

Sprache und Sprachgebrauch untersuchen und reflektieren: Richtig schreiben: üben Rechtschreibung anhand des verbindlichen Grundwortschatzes für die Jahrgangsstufen 3 und 4

Wörter mit <tz>

Pfütze, Platz, plötzlich, schützen

Wörter mit <ck>

Glück – glücklich, Schreck – erschrecken, Stück,
verstecken, zurück

Wörter mit silbentrennendem <h>

blühen, drehen, gehen, Kuh – Kühe,
Schuh – Schuhe, stehen, sehen, Zeh – Zehen

Wörter mit b, d, g am Ende des Wortstammes, die wie p, t, k klingen

Abend – Abende – abends, Berg – Berge,
erlauben – erlaubt, fremd – fremder,
Geld – Gelder, lieben – liebt, liegen – liegt,
rund – runder, steigen – steigt, werden – wird

Wörter mit ä und äu von einem verwandten Wort ableiten

alt – älter, Ast – Äste, lang – länger,
laufen – läuft, Nacht – Nächte,
Saft – Säfte

Umlautung und Auslautverhärtung Hier brauchst du zwei Strategien:

Arzt – Ärzte, backen – Bäcker,
Band – Bänder, Hand – Hände,
kaufen – Verkäufer, Land – Länder,
lassen – lässt, Mann – Männer,
Rad – Räder, stark – stärker,
Wald – Wälder

Methoden und
Arbeitstechniken

Sprache und Sprachgebrauch untersuchen und reflektieren:
Richtig schreiben: üben Rechtschreibung anhand des verbindlichen Grundwortschatzes für die Jahrgangsstufen 3 und 4

141

Viele Verben ändern in der 1. Vergangenheit ihren Vokal.

bleiben – blieben, essen – aßen, fallen – fielen,
geben – gaben, gehen – gingen, halten – hielten,
heißen – hießen, kommen – kamen, können – konnten,
lassen – ließen, laufen – liefen, lesen – liest – lasen,
liegen – lagen, müssen – mussten, rufen – riefen,
scheinen – schienen, schieben – schoben,
singen – sangen, sitzen – saßen, schlafen – schliefen,
schneiden – schnitten, schreiben – schrieben,
steigen – stiegen, schwimmen – schwammen,
tragen – trugen, trinken – tranken, vergessen – vergaßen,
ziehen – zogen

**Besondere Wörter und Fremdwörter
musst du oft üben und dir merken.**

Christ, vielleicht, vier, voll, Handy, Fuchs, links,
Taxi, Text, sechs, Pizza, Skizze, Stadt, verwandt,
erzählen, fahren, wahr, zehn, Haar, Meer, Schnee,
See, Käfer, Käfig, Märchen, Tiger, Maschine, Familie,
Laib, außer, draußen, heißen, Straße

**Viele Wörter verändern sich im Satz.
Achte genau auf den Sinn und die Fälle.**

am – an, dein – deinem – deinen,
dem – den, dies – diesem – diesen,
ein – einem – einen, euer – eurem – euren,
ganz – ganzem – ganzen, ihm – ihn – ihnen,
ihr – ihre – ihrem – ihren, im – in,
jede – jedem – jeden, kein – keinem – keinen,
mein – meinem – meinen, mich – mir,
sein – seinem – seinen, seit,
uns – unserem – unseren, vom – von,
welche – welchem – welchen,
wem – wen, zu – zum – zur

Methoden und
Arbeitstechniken

Sprache und Sprachgebrauch untersuchen und reflektieren:
Richtig schreiben: üben Rechtschreibung anhand des verbindlichen Grundwortschatzes für die Jahrgangsstufen 3 und 4

Wörterliste

A

der **Aal**, die Aale

ab*

der **Abend***, die Abende

abends*

alt*, älter, am ältesten

am*, an

än|dern, sie ändert

an|ders

der **Ap|fel**, die Äpfel

der **Arm***, die Arme

der **Är|ger**

der **Arzt***, die Ärzte

die **Ärz|tin**, die Ärztinnen

der **Ast***, die Äste

au|ßen

au|ßer*

au|ßer|dem

B

ba|cken*, er backt

der **Bä|cker***, die Bäcker

der **Ball**, die Bälle

das **Band***, die Bänder

der **Baum**, die Bäume

die **Bee|re**, die Beeren

das **Beet**, die Beete

das **Bei|spiel***, die Beispiele

der **Berg***, die Berge

der **Be|stand**, die Bestände

der **Bi|ber**, die Biber

bis*

blei|ben*, es bleibt, es blieb, es ist geblieben

blin|ken, es blinkt

bloß

blü|hen*, sie blüht

der **Bo|den***, die Böden

das **Boot**, die Boote

bo|xen, du boxt

der **Bo|xer**, die Boxer

der **Brief***, die Briefe

C

der **Chor**, die Chöre

der **Christ***, die Christen

die **Ci|ty**, die Citys

D

dann*

dein*, deinem*, deinen*

der **Del|fin**, die Delfine

dem*, den*

dies*, diesem*, diesen*

das **Ding***, die Dinge

die **Dis|kus|si|on**, die Diskussionen

die **Di|vi|si|on**, die Divisionen

das **Dorf***, die Dörfer

dort*

drau|ßen*

dre|hen*, er dreht

dumm*, dümmer, am dümmsten

die **Dumm|heit**

E

ehr|lich

ein*, einem*, einen*

ein|la|den, sie lädt ein, sie lud ein, sie hat eingeladen

die **El|tern***

end|lich

end|los

ent|setzt

die **Er|de***

die **Er|kennt|nis**

die **Er|klä|rung**

er|lau|ben*, sie erlaubt

er|mit|teln, er ermittelt

er|näh|ren, sie ernährt

er|schre|cken*, er erschreckt,
er erschrak, er ist erschrocken

erst*

er|zäh|len*, sie erzählt

es|sen*, er isst, er aß,
er hat gegessen

et|was*

eu|er*, eurem*, euren*

die **Ex|plo|si|on**, die Explosionen

F

fah|ren*, sie fährt, sie fuhr,
sie ist gefahren

fal|len*, es fällt, es fiel,
es ist gefallen

die **Fa|mi|lie***, die Familien

fan|gen, sie fängt, sie fing,
sie hat gefangen

die **Fee**, die Feen

das **Fell**, die Felle

der **Fin|ger***, die Finger

der **Fisch***, die Fische

die **Flä|che**, die Flächen

die **Fla|sche***, die Flaschen

flei|ßig

fle|ckig

das **Floß**, die Flöße

der **Fluss**, die Flüsse

fremd*, fremder

der **Freund**, die Freunde

die **Freun|din**, die Freundinnen

die **Freund|schaft**

frie|ren, er friert, er fror,
er hat gefroren

froh

früh

der **Fuchs***, die Füchse

G

ganz*, ganzem*, ganzen*

der **Gar|ten**, die Gärten

ge|ben*, sie gibt, sie gab,
sie hat gegeben

das **Ge|fäß**, die Gefäße

das **Ge|fühl**, die Gefühle

ge|gen*

ge|hen*, er geht, er ging,
er ist gegangen

ge|hö|ren*, es gehört

das **Geld***, die Gelder

ge|nau*

ge|ra|de*

gern*

das **Ge|schenk**, die Geschenke

die **Ge|schich|te***, die Geschichten

das **Ge|sicht***, die Gesichter

ges|tern*

ge|wandt

gleich*

das **Glück***

glück|lich*

grei|fen, sie greift, sie griff,
sie hat gegriffen

grü|ßen, du grüßt

gut, besser, am besten

H

das **Haar***, die Haare

ha|cken, er hackt

* Diese Wörter sind im Grundwortschatz von Jahrgangsstufe 3 und 4 enthalten.

der **Häcks|ler**, die Häcksler

der **Hai**, die Haie

der **Hals***, die Hälse

hal|ten*, du hältst, er hielt,
er hat gehalten

die **Hand***, die Hände

das **Han|dy***, die Handys

hei|ßen*, du heißt, sie hieß,
sie hat geheißen

hel|fen*, er hilft, er half,
er hat geholfen

heu|te*

die **He|xe**, die Hexen

hier*

hin*

die **Hit|ze**

hoch, höher, am höchsten

ho|cken, er hockt

die **Hoff|nung**

der **Hu|mor**

I

die **Idee**, die Ideen

ihm*, **ihn***, **ihnen***

ihr*, **ihrem***, **ihren***

im*, **in***

ins*

im|mer*

das **In|ter|net**

J

ja|gen, sie jagt

das **Jahr***, die Jahre

je|de*, **jedem***, **jeden***

K

der **Kä|fer***, die Käfer

der **Kä|fig***, die Käfige

kalt, kälter, am kältesten

die **Kam|pa|gne**, die Kampagnen

kämp|fen, sie kämpft

kau|fen*, er kauft

kein*, **keinem***, **keinen***

der **Keks**, die Kekse

das **Kind**, die Kinder

klä|ren, sie klärt

der **Klecks**, die Kleckse

der **Klee**

kni|cken, sie knickt

ko|chen, er kocht

kom|men*, sie kommt, sie kam,
sie ist gekommen

kön|nen*, er kann, er konnte,
er hat gekonnt

die **Kon|zen|tra|ti|on**

krat|zen, er kratzt

die **Kuh***, die Kühe

kurz*, kürzer, am kürzesten

L

la|chen*, sie lacht

der **Laib***, die Laibe

das **Lamm**, die Lämmer

das **Land***, die Länder

lang*, länger, am längsten

längs

der **Lärm**

las|sen*, du lässt, er ließ,
er hat gelassen

lau|fen*, sie läuft, sie lief,
sie ist gelaufen

leer

* Diese Wörter sind im Grundwortschatz von Jahrgangsstufe 3 und 4 enthalten.

145

der **Leh|rer,** die Lehrer

die **Leh|re|rin,** die Lehrerinnen

lie|gen*, es liegt, es lag, es hat gelegen

lei|hen, er leiht, er lieh, er hat geliehen

le|sen*, du liest, sie las, sie hat gelesen

das **Licht***, die Lichter

lie|ben*, er liebt

das **Lied,** die Lieder

lie|gen*, sie liegt, sie lag, sie hat gelegen

links*

das **Loch***, die Löcher

die **Luft***, die Lüfte

M

ma|chen*, es macht

das **Mäd|chen,** die Mädchen

die **Mahl|zeit,** die Mahlzeiten

man

der **Mann***, die Männer

die **Mann|schaft**

das **Mär|chen***, die Märchen

die **Ma|schi|ne***, die Maschinen

das **Match,** die Matchs

das **Me|di|um,** die Medien

das **Meer***, die Meere

mein*, meinem*, meinen*

der **Mensch***, die Menschen

mer|ken*, sie merkt

mich*

die **Milch***

mir*

mi|xen, du mixt

das **Moor,** die Moore

das **Moos,** die Moose

mor|gen*

die **Mu|schel,** die Muscheln

das **Mu|se|um,** die Museen

müs|sen*, du musst

N

die **Nacht***, die Nächte

nah, näher, am nächsten

die **Nah|rung**

die **Naht,** die Nähte

näm|lich

die **Na|se***, die Nasen

ne|ben*

neh|men, er nimmt, er nahm, er hat genommen

das **Netz,** die Netze

neu*

nicht*

nichts*

nie*

nie|mals*

die **Ni|xe,** die Nixen

nur*

die **Nuss,** die Nüsse

O

ob*

oben*

das **Obst**

der **Och|se,** die Ochsen

oft*

P

das **Paar,** die Paare

pa|cken, er packt

die **Pa|pri|ka,** die Paprikas

die **Pfüt|ze***, die Pfützen

das **Pi|a|no**, die Pianos

die **Piz|za***, die Pizzas, die Pizzen

der **Platz***, die Plätze

plötz|lich*

die **Prä|sen|ta|ti|on**

put|zen, er putzt

Qu

die **Qual**, die Qualen

quä|len, es quält

R

das **Rad***, die Räder

ra|ten, sie rät, sie riet,
sie hat geraten

das **Rät|sel**, die Rätsel

der **Raum**, die Räume

reich*

rei|ten*, er reitet, er ritt,
er ist geritten

ren|nen, sie rennt, sie rannte,
sie ist gerannt

rie|chen*, er riecht, er roch,
er hat gerochen

die **Rock|band**, die Rockbands

der **Rü|cken**, die Rücken

ru|fen*, sie ruft, sie rief,
sie hat gerufen

rund*, runder

S

die **Sa|che***, die Sachen

der **Saft***, die Säfte

das **Salz**, die Salze

das **Sand|wich**, die Sandwichs

die **Säu|le**, die Säulen

der **Scha|den**, die Schäden

schei|nen*, es scheint,
es schien,
es hat geschienen

schen|ken*, er schenkt

schie|ben*, sie schiebt, sie schob,
sie hat geschoben

schi|cken, sie schickt

der **Schlaf**

schla|fen*, er schläft, er schlief,
er hat geschlafen

schla|gen*, er schlägt, er schlug,
er hat geschlagen

schlecht*

schlimm*

schmut|zig

der **Schnee***

schnei|den*, sie schneidet,
sie schnitt, sie hat geschnitten

schnell*

der **Schreck***, die Schrecken

schrei|ben*, er schreibt, er schrieb,
er hat geschrieben

der **Schuh***, die Schuhe

schüt|zen*, du schützt

schwer*

schwie|rig*

die **Schwie|rig|keit**

schwim|men*, sie schwimmt,
sie schwamm,
sie ist geschwommen

sechs*

der **See***, die Seen

se|hen*, er sieht, er sah,
er hat gesehen

sehr*

sein*, seinem*, seinen*

* Diese Wörter sind im Grundwortschatz von Jahrgangsstufe 3 und 4 enthalten.

147

sein*, ich bin, du bist, er ist,
er war, er ist gewesen

seit*

die **Sei|te***, die Seiten

sie|ben

sin|gen*, sie singt, sie sang,
sie hat gesungen

sit|zen*, du sitzt, er saß,
er hat gesessen

die **Skiz|ze***, die Skizzen

so|fort*

der **Song**, die Songs

der **Spaß**, die Späße

spät, später

spre|chen*, sie spricht, sie sprach,
sie hat gesprochen

sprin|gen*, er springt, er sprang,
er ist gesprungen

die **Stadt***, die Städte

stark*, stärker, am stärksten

ste|hen*, es steht, es stand,
es hat gestanden

stei|gen*, sie steigt, sie stieg,
sie ist gestiegen

der **Stein***, die Steine

stel|len*, er stellt

der **Stoff**, die Stoffe

die **Stra|ße***, die Straßen

der **Strauch**, die Sträucher

der **Strauß**, die Sträuße

die **Stro|phe**, die Strophen

das **Stück***, die Stücke

su|chen, sie sucht

T

tan|ken*, sie tankt

die **Ta|sche***, die Taschen

das **Ta|xi***, die Taxis

der **Tee**

der **Teer**, die Teere

der **Text***, die Texte

tief*, tiefer

das **Tier***, die Tiere

der **Ti|ger***, die Tiger

das **Tor**, die Tore

die **Tor|te**, die Torten

die **Tour**, die Touren

tra|gen*, er trägt, er trug,
er hat getragen

trin|ken*, es trinkt, es trank,
es hat getrunken

die **Tür***, die Türen

der **Typ**, die Typen

U

die **Uhr**, die Uhren

uns*, unserem*, unseren*

der **Un|ter|richt**

der **Un|ter|schied**, die Unterschiede

V

der **Ver|band**, die Verbände

ver|flixt

ver|ges|sen*, du vergisst,
sie vergaß, sie hat vergessen

der **Ver|käu|fer***, die Verkäufer

ver|lie|ren*, er verliert, er verlor,
er hat verloren

ver|ste|cken*, sie versteckt

ver|su|chen, sie versucht

ver|wandt*

viel|leicht*

vier*

viel, mehr, am meisten

voll*

voll|stän|dig

vom*

von*

vor|bei

W

die Waa|ge, die Waagen

wach|sen, du wächst, es wuchs,
es ist gewachsen

der Wa|gen*, die Wagen

wahr*

der Wald*, die Wälder

wann*

der Wär|ter, die Wärter

wa|rum*

wech|seln, er wechselt

wei|nen*, es weint

wel|che*, welchem*, welchen*

wem*, wen*

we|nig*

wenn

wer|den*, sie wird, sie wurde,
sie ist geworden

wer|fen*, er wirft, er warf,
er hat geworfen

das Wet|ter, die Wetter

wie*

wie|der*

der Wind, die Winde

der Win|ter, die Winter

wis|sen, du weißt, sie wusste,
sie hat gewusst

die Wo|che*, die Wochen

wohl

woh|nen, er wohnt

wol|len, sie will, sie wollte,
sie hat gewollt

die Wurst*, die Würste

die Wut

X

das Xy|lo|fon, die Xylofone

Y

Z

zäh|len, er zählt

der Zeh*, die Zehen

zehn*

die Zeit|schrift, die Zeitschriften

die Zei|tung*

zie|hen*, sie zieht, sie zog,
sie hat gezogen

zie|len*, er zielt

das Zim|mer*, die Zimmer

der Zoo

zu*, zum*, zur*

zu|letzt*

zu|rück*

zu|sam|men*

die Zwie|bel*, die Zwiebeln

Adjektiv

Adjektive beschreiben Nomen genauer. Sie sagen, wie jemand oder etwas ist.
Sie stehen meist zwischen Artikel und Nomen. Sie können ihre Form verändern.

schön — der schöne Ball

Die meisten Adjektive lassen sich **steigern**.

schön   — schöner   — am schönsten
Grundform — 1. Vergleichsstufe — 2. Vergleichsstufe

Mit Adjektiven kann man **vergleichen**: Lisa ist größer als Tom.

Adjektive lassen sich zusammensetzen: groß — riesengroß

Alphabet (Abc)

Das Alphabet (Abc) hat 26 Buchstaben:

A B C D **E** F G H **I** J K L M N **O** P Q R S T **U** V W X Y Z

A, **E**, **I**, **O** und **U** sind Vokale, alle anderen sind Konsonanten.

Artikel

Nomen haben einen passenden Begleiter. Man nennt ihn Artikel.

der Hund, die Schule, das Tier

Es gibt **bestimmte** Artikel: der, die, das

Es gibt **unbestimmte** Artikel: ein, eine

der Stift — ein Stift, das Tier — ein Tier, die Schule — eine Schule

Bindewort

Bindewörter sind Wörter, die Wörter und Sätze miteinander verbinden.

die Katze und die Maus — Ich fange, wenn du wirfst.

Häufige Bindewörter sind: und, denn, als, weil, dass, obwohl, während, aber, wenn

Fälle

Nomen, Artikel und Adjektive können in verschiedenen **Fällen** stehen.
Den Fall findet man mit Fragen heraus.

1. Fall: Der rote Roller ist neu. (Wer / Was?)
2. Fall: Die Farbe des roten Rollers ist schön. (Wessen?)
3. Fall: Dem roten Roller fehlt die Klingel. (Wem?)
4. Fall: Ich fahre den roten Roller. (Wen / Was?)

Konsonanten

Alle Buchstaben im Alphabet, die keine Vokale sind, heißen Konsonanten.
Nach einem kurzen Vokal wird der Konsonant oft verdoppelt (**Doppelkonsonant**):

Sonne, rennen

Nomen

Wörter für Menschen, Tiere, Pflanzen und Dinge heißen Nomen.
Nomen werden immer großgeschrieben.
Nomen haben einen **Artikel**: die Schule, das Tier, der Stift, ...
Es gibt auch Nomen für Gedanken und Gefühle:
die Wut, der Hunger, die Freude, ...

Oft steht der Artikel nicht direkt vor dem Nomen.
In manchen Sätzen fehlt er.
Der Hund bellt. — Der kleine Hund bellt. — Hunde bellen oft.
Die meisten Nomen gibt es in der **Einzahl** und in der **Mehrzahl**.
die Schule — die Schulen, das Tier — die Tiere
Alle Nomen haben ein **Geschlecht**:
männlich (der, ein), weiblich (die, eine) oder sächlich (das, ein).

Pronomen
Nomen können durch Pronomen ersetzt werden.
Personalpronomen sind:
ich, du, er, sie, es, wir, ihr, sie.
Die Lehrerin fragt. Sie fragt. — Das Haus ist blau. Es ist blau.

Satz
Aus Wörtern kann man Sätze bilden. Satzanfänge schreibt man groß.
Am Ende des Satzes steht ein **Satzzeichen**.
Es gibt verschiedene Satzarten:
Am Ende eines **Aussagesatz**es steht ein Punkt.
Momo sitzt am Computer.
Am Ende eines **Fragesatz**es steht ein Fragezeichen.
Wo bist du? Gehst du in den Zoo?
Am Ende eines **Ausrufe-** oder **Aufforderungssatz**es steht ein Ausrufezeichen.
Hilfe! Lass das sein!
Die **Klangprobe** hilft die Satzarten zu unterscheiden.

Satzglied
Ein Satz besteht aus einem oder mehreren Satzgliedern.
Ein Satzglied kann aus einem oder mehreren Wörtern bestehen.
Mit der **Klangprobe** und der **Umstellprobe** findet man die Satzglieder heraus.
Die Wörter, die immer zusammenbleiben, bilden ein Satzglied.
Nele | war | im Kino. Im Kino | war | Nele. War | Nele | im Kino?
Das wichtigste Satzglied ist das **Prädikat**.
Es ist der **Satzkern**, der die Anzahl der Satzglieder bestimmt.
Mit der **Frage** Was macht? findet man das Prädikat.
Der Hund bellt. — Was macht der Hund? — bellt
Das Prädikat kann auch mehrteilig sein.
Wir pflanzen Bäume an. — Wir haben Bäume angepflanzt.
Mit den Fragewörtern **Wer/Was?** findet man das Subjekt.
Lisa erklärt. — Wer/Was erklärt? — Lisa
Weitere Satzglieder sind die Ortsangabe (Wo? Woher? Wohin?), die Zeitangabe
(Wann? Wie lange? Seit wann?), die Satzergänzung im 3. Fall (Wem?) und
die Satzergänzung im 4. Fall (Wen/Was?).
Satzglieder lassen sich kürzen (**Weglassprobe**), erweitern (**Erweiterungsprobe**)
und ersetzen (**Ersatzprobe**).

Silben

Wörter bestehen aus einer oder mehreren Silben.

Jede Silbe hat mindestens einen Vokal.

Endet die erste Silbe mit einem Vokal, nennt man sie **offene Silbe**: So-fa

Endet die erste Silbe mit einem Konsonanten, nennt man sie **geschlossene Silbe**: Son-ne

Es gibt Vorsilben ver- , be- und Nachsilben -ig , -lich .

Sonstige Wörter

Alle Wörter, die keiner Wortart zugeordnet werden können,

gehören zu den sonstigen Wörtern: so, kein, zwei

Verb

Wörter wie reiten, lesen, trinken heißen **Verben**.

Sie sagen, was geschieht oder was jemand tut.

Im Wörterbuch stehen Verben in der **Grundform**.

Sie wird wie die wir-Form gebildet:

wir schwingen — schwingen, du rennst — rennen

Im Satz stehen Verben in einer **Personalform**:

Ich male. — Du malst. — Er / Sie / Es malt.

Wir malen. — Ihr malt. — Sie malen.

Bei **starken Verben** verändert sich

in einigen Personal- oder Zeitformen der Wortstamm:

wir trag en — du träg st,

ich ess e — du iss t,

ich fahr e — ich fuhr

Bei **schwachen Verben** bleibt der Wortstamm gleich:

wir sag en — du sag st

Wortbausteine ▢

Wörter sind aus Wortbausteinen zusammengesetzt: un glück lich

An Wortbausteinen kann man die Wortart erkennen.

Adjektive: ig , lich , isch , sam , bar , los

Nomen: heit , keit , ung , schaft , nis

Wortfamilien

Wörter mit gleichem oder ähnlichem **Wortstamm** gehören zu einer Wortfamilie.

Eine Wortfamilie besteht aus Wörtern, die miteinander **verwandt** sind:

les en, Les ebuch, vor les en, Les erin

schieb en — Schub karre

Wortfeld

Alle Wörter, die eine ähnliche Bedeutung haben, gehören zu einem Wortfeld.

Mit ihnen kann man genauer und abwechslungsreicher

erzählen oder beschreiben.

gehen: rennen, laufen, schleichen, wandern, spazieren, ...

Wörtliche Rede

Wenn jemand etwas in einem Text sagt oder denkt, nennt man das wörtliche Rede.
Am Anfang und Ende der wörtlichen Rede stehen **Anführungszeichen**: „ ".
Im **Redebegleitsatz** steht, wer spricht und wie gesprochen wird.
Der Redebegleitsatz kann vorangestellt oder nachgestellt sein.
Nach dem Redebegleitsatz steht ein Doppelpunkt : .

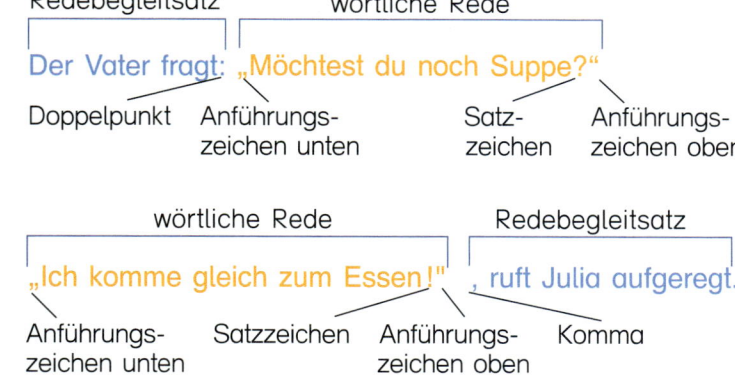

Redebegleitsatz   wörtliche Rede

Der Vater fragt: „Möchtest du noch Suppe?"

Doppelpunkt   Anführungs-   Satz-   Anführungszeichen unten   zeichen   zeichen oben

wörtliche Rede   Redebegleitsatz

„Ich komme gleich zum Essen!"   , ruft Julia aufgeregt.

Anführungs-   Satzzeichen   Anführungs-   Komma
zeichen unten   zeichen oben

Bei einem nachgestellten Redebegleitsatz verliert der Aussagesatz seinen Punkt.
„Sie steht schon auf dem Tisch", mahnt Papa.

Zeitformen

Verben sagen, wann etwas passiert. Sie können in verschiedenen **Zeitformen** stehen.
Gegenwart: Ich lese ein Buch. 1. Vergangenheit: Ich las ein Buch.
2. Vergangenheit: Ich habe ein Buch gelesen. Zukunft: Ich werde ein Buch lesen.
Die 2. Vergangenheit wird mit den **Hilfsverben** sein oder haben gebildet:
Ich bin gelaufen. Ich habe gespielt.
Viele Verben der Bewegung werden mit sein gebildet: Ich bin gesprungen.

Zusammengesetzte Nomen

Mit zusammengesetzten Nomen kann man genauer und oft kürzer beschreiben.
Zusammengesetzte Nomen bestehen aus einem **Grundwort** und einem **Bestimmungswort**.
Das Bestimmungswort erklärt das Grundwort näher. Das Grundwort steht immer
an letzter Stelle: Schrank + Tür = Schrank tür

Bestimmungswort   Grundwort

Der Artikel des zusammengesetzten Nomens richtet sich nach dem Grundwort:
die Insel + das Dorf = das Inseldorf
Zusammengesetzte Nomen lassen sich bilden aus:
Nomen + Nomen:
der Regen + der Bogen = der Regenbogen
Verb + Nomen:
waschen + das Pulver = das Waschpulver
Adjektiv + Nomen:
bunt + der Stift = der Buntstift

Zwielaut (Diphtong)

Zwielaute sind Buchstabenverbindungen aus zwei Vokalen: au, ei, eu

Kap	Sprechen und Zuhören	Schreiben	Sprachgebrauch und Sprache untersuchen und reflektieren
*	**Über Lernen sprechen:** vergleichen nach dem gesetzten Zeitraum ihre Lernerfahrungen mit den Zielen und bewerten ihren Lernerfolg	**Texte planen und schreiben:** beschreiben Lernerfahrungen und Lernfortschritte (z. B. in einem Lern- oder Lesetagebuch)	**Morphologisches Prinzip nutzen:** verwenden beim Untersuchen, Reflektieren und Anwenden von sprachlichen Strukturen die zutreffenden Begriffe **Richtig schreiben:** üben Rechtschreibung anhand des verbindlichen Grundwortschatzes für die Jahrgangsstufen 3 und 4 | schreiben routiniert, zügig und fehlerlos von einer Vorlage ab
1	**Zu anderen sprechen:** bauen ihre Beiträge wirkungsvoll, nachvollziehbar und logisch auf **Gespräche führen:** halten sich an gemeinsam erstellte Gesprächsregeln und zeigen rücksichtsvolles Gesprächsverhalten: Sie lassen andere ausreden, geben das Wort an andere weiter, gehen sinnvoll auf Beiträge ein und führen sie weiter | achten auf eine wertschätzende Gesprächsatmosphäre | beteiligen sich verständlich und zuhörerbezogen an Gesprächen	**Über Schreibfertigkeiten verfügen:** passen ihre Schrift dem jeweiligen Zweck an | achten auf ihre eigene Körperhaltung, Schreibmotorik, Stifthaltung und Druckstärke und korrigieren sie selbst **Texte planen und schreiben:** nutzen vor dem Schreiben Methoden zur Sammlung und Ordnung von Schreibideen **Texte überarbeiten:** geben zentrale, konkrete Anregungen für Texte und heben dabei die Stärken und gelungenen Elemente hervor | nehmen zentrale Anregungen für die Überarbeitung auf und setzen sich dazu jeweils ein konkretes Überarbeitungsziel | überarbeiten ihre Texte rechtschriftlich nach Fehlerschwerpunkten sowie hinsichtlich der sprachlichen Richtigkeit und nutzen dazu auch Beratung und Hilfestellungen	**Sprachliche Verständigung untersuchen:** beschreiben und bewerten Ursachen und Wirkungen von gelingender Verständigung **Sprachliche Strukturen untersuchen:** bestimmen die Merkmale von Nomen, Verben und Adjektiven, indem sie sie variieren, und wenden sie in eigenen Texten richtig an | verwenden Verben in den verschiedenen Zeitformen in angemessener Weise | ändern Wortbedeutung und Wortart bewusst durch Wortbausteine und beschreiben Gesetzmäßigkeiten **Morphologisches Prinzip nutzen:** nutzen Wortbausteine, um die Wortart zu bestimmen **Grammatisches Prinzip nutzen:** erweitern den Nominalkern, um die Großschreibung des Nomens zu erkennen | wenden Strategien zum Erkennen von Adjektiven an
2	**Verstehend zuhören:** bekunden ihr Verstehen, indem sie Gehörtes in eigenen Worten zusammenfassen, Kerngedanken wiedergeben, Textinhalte visualisieren **Zu anderen sprechen:** bauen ihre Beiträge wirkungsvoll, nachvollziehbar und logisch auf | strukturieren ihren Vortrag durch sinnvolle Pausen, atmen bewusst und nehmen eine lockere Körperhaltung ein **Gespräche führen:** gestalten kommunikative Standardsituationen routiniert, indem sie übliche Formulierungen in angemessener und wertschätzender Weise persönlich variieren und dabei auf den Gesprächspartner und die jeweilige Situation eingehen | zeigen rücksichtsvolles Gesprächsverhalten **Über Lernen sprechen:** beschreiben mittels bekannter Formulierungen im Austausch mit anderen einzelne Schritte beim Lernen und Problemlösen | führen Lerngespräche, in denen sie ihre Lernstrategien beschreiben, über Arbeitsergebnisse und Lösungswege sprechen	**Texte planen und schreiben:** schreiben eigene informierende, berichtende Texte und achten auf die Vollständigkeit und zeitliche Ordnung der Informationen **Texte überarbeiten:** geben zentrale, konkrete Anregungen und Hilfestellungen für Texte und heben dabei die Stärken und gelungenen Elemente hervor	**Sprachliche Strukturen untersuchen:** untersuchen Texte und beschreiben die typischen Textmerkmale für informierende Texte | verändern Texte durch Umstellen, Ersetzen, Erweitern und Weglassen von Satzgliedern, um ihre Sprachbewusstheit und ihre Ausdrucksfähigkeit beim Sprechen und Schreiben zu erweitern | beschreiben die Abhängigkeit der Satzglieder vom Prädikat und bestimmen das Subjekt, Orts- und Zeitangaben **Phonologisches und silbisches Prinzip nutzen:** trennen Wörter nach Schreibsilben am Zeilenende, auch am Silbengelenk
3	**Gespräche führen:** achten auf eine wertschätzende Gesprächsatmosphäre **Über Lernen sprechen:** führen Lerngespräche, in denen sie ihre Lernstrategien beschreiben, über Arbeitsergebnisse und Lösungswege sprechen, die Zusammenarbeit bewerten oder Feedback an ein Team geben **Szenisch spielen:** interpretieren eine Rolle, indem sie Gefühle und Charakter einer Figur allein und in Beziehungen zu anderen durch verschiedene Ausdrucksformen verdeutlichen | beobachten andere im szenischen Spiel und beschreiben die Wirkung ihres Spiels auf das Publikum	**Über Schreibfertigkeiten verfügen:** gestalten Texte zweckmäßig, übersichtlich und ansprechend und nutzen dazu auch die Möglichkeiten von Computerprogrammen **Texte planen und schreiben:** nutzen vor dem Schreiben Methoden zur Sammlung und Ordnung von Wortmaterial, Informationen, Begründungen und Schreibideen | bauen ihre eigenen erzählenden Texte sinnvoll auf und stellen ein erzählenswertes Ereignis ins Zentrum | gestalten erzählende Texte lebendig, wirkungsvoll und anschaulich durch den gezielten Einsatz passender sprachlicher Mittel **Texte überarbeiten:** nehmen zentrale Anregungen für die Überarbeitung auf | gestalten ihren Text ansprechend und passend zur Textfunktion	**Sprachliche Strukturen untersuchen:** verändern Sätze durch Umstellen und Erweitern von Satzgliedern, um ihre Ausdrucksfähigkeit beim Schreiben zu erweitern | markieren wörtliche Rede innerhalb von Sätzen durch Anführungszeichen und schließen den Redebegleitsatz vor und nach der wörtlichen Rede mit richtigen Satzzeichen ab | verwenden Zusammensetzungen als Mittel der Wortbildung und beschreiben Gesetzmäßigkeiten, nach denen sich Artikel und Wortart richten **Richtig schreiben:** schreiben gängige Schreibungen (Wörter mit Konsonantenverdopplung) routiniert richtig **Phonologisches und silbisches Prinzip nutzen:** nutzen Silben und Klangunterschiede der Vokale, um sich Schreibungen zu erschließen **Verbindung unterschiedlicher Prinzipien nutzen:** schreiben Wortzusammensetzungen m. Fugenelementen richtig | verbinden ein- und zweisilbige Wortformen, um Schreibung von Verhärtung, Umlautung, Konsonantenverdopplung und <ie>-Schreibung abzuleiten

* Kapitel 1–9: Permanentes Unterrichtsprinzip

Kap	Sprechen und Zuhören	Schreiben	Sprachgebrauch und Sprache untersuchen und reflektieren
4	**Zu anderen sprechen:** setzen ihre Sprechabsichten mit angemessenem Wortschatz in der Standard- und Bildungssprache um | indem sie sich je nach Sprechabsicht gezielt vor, indem sie Notizen machen, die Vortragssituation üben und Rückmeldungen beachten **Gespräche führen:** beteiligen sich verständlich und zuhörerbezogen an Gesprächen **Über Lernen sprechen:** beschreiben mittels bekannter Formulierungen im Austausch mit anderen einzelne Schritte beim Lernen und Problemlösen	**Texte planen und schreiben:** nutzen Schreiben zum Erschließen von Texten | ziehen typische Elemente aus informierenden Texten heran und erstellen für eigene Texte Sammlungen | verfassen eigene informierende, beschreibende Texte und achten dabei auf eine reihende Darstellung sowie eine logische Anordnung der Informationen **Texte überarbeiten:** gestalten ihren fertigen Text ansprechend und passend zur Textfunktion	**Sprachliche Verständigung untersuchen:** untersuchen, welche sprachlichen Mittel genutzt werden, um bestimmte Wirkungen zu erreichen **Gemeinsamkeiten und Unterschiede von Sprachen entdecken:** beschreiben und vergleichen Aspekte konzeptioneller Mündlichkeit und konzeptioneller Schriftlichkeit **Sprachliche Strukturen untersuchen:** verwenden Verben in den verschiedenen Zeitformen in angemessener Weise | beschreiben die Veränderungen des Falls bei Artikeln und Nomen, die mit der Verwendung im Satz zusammenhängen, und beachten sie in ihrem eigenen Sprachgebrauch | beschreiben die Abhängigkeit der Satzglieder vom Prädikat **Richtig schreiben:** überarbeiten eigene Texte mithilfe eines Wörterbuches oder mit der Rechtschreibhilfe eines Computers **Morphologisches Prinzip nutzen:** nutzen Wortbausteine, um die Wortart zu bestimmen **Grammatisches Prinzip nutzen:** wenden Strategien zum Erkennen von Adjektiven an | nutzen den Satzzusammenhang, um flektierbare Wörter richtig zu schreiben
5	**Verstehend zuhören:** beschreiben, wie die stimmliche und gestische Gestaltung von Sprache das Verstehen unterstützt und nutzen diese Einsichten bei der Gestaltung eigener Gesprächsbeiträge | wenden in Zuhör- und Gesprächssituationen ihre Aufmerksamkeit bewusst auf das Gesagte | nutzen Rückmeldungen gezielt zur Erweiterung ihres Wortschatzes und ihrer Verstehensmöglichkeiten | bekunden ihr Verstehen, indem sie Gehörtes in eigenen Worten zusammenfassen, Kerngedanken wiedergeben, Textinhalte visualisieren **Zu anderen sprechen:** erbitten und geben wertschätzende Rückmeldung | strukturieren ihren Vortrag durch sinnvolle Pausen, atmen bewusst und nehmen eine lockere Körperhaltung ein | bereiten sich je nach Sprechabsicht gezielt vor, indem sie sich Notizen machen, die Vortragssituation üben und Rückmeldungen beachten **Gespräche führen:** beteiligen sich verständlich und zuhörerbezogen an Gesprächen	**Texte planen und schreiben:** nutzen Schreiben zum Erschließen von Texten | sammeln und ordnen Gründe und Beispiele zu einer Position, die sie vertreten | nutzen beim Schreiben eigener argumentierender Texte entsprechende Textvorbilder: Darlegung des eigenen Standpunktes mit Informationen, Gründen und Beispielen **Texte überarbeiten:** nehmen zentrale Anregungen für die Überarbeitung auf und setzen sich dazu jeweils ein konkretes Überarbeitungsziel | überarbeiten ihre Texte rechtschriftlich nach Fehlerschwerpunkten sowie hinsichtlich der sprachlichen Richtigkeit und nutzen dazu auch Beratung und Hilfestellungen	**Sprachliche Strukturen untersuchen:** verknüpfen Sätze sinnvoll mit geläufigen Bindewörtern, um sich beim Sprechen und Schreiben genau auszudrücken | bilden Wortfamilien und beschreiben Auffälligkeiten, auch hinsichtlich einer Änderung des Stammvokals **Richtig schreiben:** schreiben häufig gebrauchte Wörter mit nicht-regelhaften Rechtschreibbesonderheiten richtig: Wörter mit Dehnungs-h | zeigen Rechtschreibbewusstsein bei eigenen Aufzeichnungen, indem sie selbstständig auf Richtigschreibung achten **Phonologisches und silbisches Prinzip nutzen:** nutzen Silben und Klangunterschiede der Vokale, um sich Schreibungen zu erschließen (<ie> als regelhafte Schreibung) **Morphologisches Prinzip nutzen:** übertragen die Schreibweise von Wortstämmen auf verwandte Wörter
6	**Verstehend zuhören:** entnehmen Beiträgen in fachspezifischer Bildungssprache die wesentlichen Informationen **Zu anderen sprechen:** setzen ihre Sprechabsichten in der Standard- und Bildungssprache um | bauen ihre Beiträge wirkungsvoll, nachvollziehbar und logisch auf **Gespräche führen:** achten auf eine wertschätzende Gesprächsatmosphäre **Über Lernen sprechen:** beschreiben im Austausch mit anderen einzelne Schritte beim Lernen und Problemlösen | nutzen Lerngespräche, und Hinweise für ihr eigenes Lernen zu erhalten | bewerten eigene Lernergebnisse im Vergleich mit denen anderer	**Texte planen und schreiben:** verfassen eigene informierende, beschreibende Texte und achten dabei auf eine reihende Darstellung sowie eine logische Anordnung der Informationen | nutzen Schreiben zum Erschließen von Texten **Texte überarbeiten:** geben zentrale, konkrete Anregungen und Hilfestellungen für Texte und heben dabei die Stärken und gelungenen Elemente hervor | nehmen zentrale Anregungen für die Überarbeitung auf und setzen sich dazu jeweils ein konkretes Überarbeitungsziel	**Gemeinsamkeiten und Unterschiede von Sprache entdecken:** beschreiben Gemeinsamkeiten und Unterschiede von Sprachen und Schriftsystemen und nutzen ihre Einsichten für ihre Sprachbewusstheit **Sprachliche Strukturen untersuchen:** wählen beim Schreiben je nach Kontext passende Wörter aus Wortfeldern | nutzen beim Sprechen und Schreiben die Funktion unterschiedlicher Satzarten, beschreiben deren Wirkungen und setzen passende Satzzeichen | verändern Sätze durch Erweitern, um ihre Sprachbewusstheit und ihre Ausdrucksfähigkeit beim Sprechen und Schreiben zu erweitern **Richtig schreiben:** überarbeiten Texte mithilfe eines Wörterbuches | schreiben häufig gebrauchte Wörter mit nicht-regelhaften Rechtschreibbesonderheiten richtig: Wörter mit Doppelvokal, <dt>, <ks> **Verbindung unterschiedlicher Prinzipien nutzen:** kombinieren Erkenntnisse zu Wortarten und ihre grammatischen Überlegungen zur Wortart

Kap	Sprechen und Zuhören	Schreiben	Sprachgebrauch und Sprache untersuchen und reflektieren
7	**Verstehend zuhören:** wenden in Zuhör- und Gesprächssituationen ihre Aufmerksamkeit bewusst auf das Gesagte **Zu anderen sprechen:** bereiten sich je nach Sprechabsicht vor, indem sie sich Notizen machen, Rückmeldungen beachten | erbitten und geben wertschätzende Rückmeldung zu Redebeiträgen und ziehen Schlüsse für weitere Beiträge | achten beim Sprechen auf Lautstärke, Tempo und Satzmelodie und verwenden verständnisunterstützende Gesten **Szenisch spielen:** setzen sich mit der Rollenbiografie auseinander und unterscheiden bewusst zwischen sich selbst als Person und dem Figuren-Ich | interpretieren eine Rolle, indem sie Gefühle und Charakter einer Figur allein und in Beziehungen zu anderen durch verschiedene Ausdrucksformen verdeutlichen | beobachten andere im szenischen Spiel und beschreiben die Wirkung der einzelnen Aspekte ihres Spiels auf das Publikum	**Texte planen und schreiben:** ziehen, auch im Austausch mit anderen, typische Elemente aus erzählenden Texten heran und erstellen für eigene Texte Sammlungen **Texte überarbeiten:** nehmen zentrale Anregungen für die Überarbeitung auf und setzen sich dazu jeweils ein konkretes Überarbeitungsziel | überarbeiten ihre Texte rechtschriftlich nach Fehlerschwerpunkten | zeigen beim Schreiben von Texten Rechtschreibbewusstsein	**Sprachliche Strukturen untersuchen:** bestimmen die Merkmale von Pronomen, indem sie sie variieren, und wenden sie in eigenen Texten richtig an | untersuchen Texte und beschreiben, welche sprachlichen Gestaltungsmittel für erzählende Texte typisch sind | beschreiben die Veränderungen des Falls bei Artikeln, Nomen und Adjektiven, die mit der Verwendung im Satz zusammenhängen, und beachten sie in ihrem eigenen Sprachgebrauch | bilden unter Verwendung verschiedener Wortbausteine mehrfach zusammengesetzte Wörter **Richtig schreiben:** zeigen Rechtschreibbewusstsein, indem sie selbstständig auf Richtigschreibung achten und sich korrigieren | schreiben häufig gebrauchte Wörter mit nicht-regelhaften Rechtschreibbesonderheiten richtig: Wörter mit <ß> | überarbeiten Texte mithilfe eines Wörterbuches
8	**Gespräche führen:** beteiligen sich verständlich und zuhörerbezogen an Gesprächen; Sie erzählen von Erlebtem und Erfundenem, berichten, beschreiben eigene Lernergebnisse, machen Vorschläge zur Lösung gemeinsamer Lernaufgaben, begründen und geben anderen Rückmeldung zu deren Vorschlägen **Szenisch spielen:** interpretieren eine Rolle, indem sie Gefühle und Charakter einer Figur allein und in Beziehungen zu anderen durch verschiedene Ausdrucksformen verdeutlichen	**Texte planen und schreiben:** nutzen vor dem Schreiben Methoden zur Sammlung und Ordnung von Wortmaterial, Informationen, Begründungen und Schreibideen | verfassen eigene informierende, beschreibende Texte und achten dabei auf eine reihende Darstellung sowie eine logische Anordnung der Informationen	**Sprachliche Verständigung untersuchen:** beschreiben und bewerten Ursachen und Wirkungen von gelingender Verständigung **Gemeinsamkeiten und Unterschiede von Sprache entdecken:** beschreiben und vergleichen Aspekte konzeptioneller Mündlichkeit und Schriftlichkeit | beschreiben anhand von Beispielen Gemeinsamkeiten und Unterschiede von Sprachen **Sprachliche Strukturen untersuchen:** untersuchen und verwenden Verben in den verschiedenen Zeitformen in angemessener Weise **Richtig schreiben:** überarbeiten eigene Texte mithilfe eines Wörterbuches, ggf. auch mit Rechtschreibhilfen des Computers | schreiben häufig gebrauchte Wörter mit nicht-regelhaften Rechtschreibbesonderheiten richtig (Fremdwörter, Häufigkeitswörter) | trainieren Rechtschreibung entsprechend eigener Lernbedürfnisse mit einem kontinuierlich erweiterten individuellen Übungswortschatz
9	**Zu anderen sprechen:** bauen ihre Beiträge wirkungsvoll, nachvollziehbar und logisch auf | setzen ihre Sprachabsichten in der persönlichen Sprachvarietät um **Szenisch spielen:** setzen Medien bewusst ein, um Szenen zu gestalten und um bestimmte Wirkungen und Effekte zu erzielen	**Texte planen und schreiben:** bauen ihre eigenen erzählenden Texte sinnvoll auf und stellen ein erzählenswertes Ereignis ins Zentrum | verfassen eigene informierende, beschreibende Texte und achten dabei auf eine reihende Darstellung sowie eine logische Anordnung der Informationen | schreiben eigene informierende Texte und achten auf die Vollständigkeit und zeitliche Ordnung der Informationen | gestalten erzählende Texte lebendig, wirkungsvoll und anschaulich durch den gezielten Einsatz passender sprachlicher Mittel **Texte überarbeiten:** gestalten ihren fertigen Text ansprechend und passend zur Textfunktion	**Sprachliche Verständigung untersuchen:** beschreiben und bewerten Ursachen und Wirkungen von gelingender Verständigung | untersuchen, welche sprachlichen Mittel genutzt werden, um bestimmte Wirkungen zu erreichen **Gemeinsamkeiten und Unterschiede von Sprachen entdecken:** beschreiben Gemeinsamkeiten und Unterschiede von Sprachen und Schriftsystemen und nutzen ihre Einsichten für ihre Sprachbewusstheit